KB125499

수업역량 강화를 위한

교육방법 및 교육공학

| 류지헌 · 김민정 · 임태형 공저 |

Instructional Method And Technology

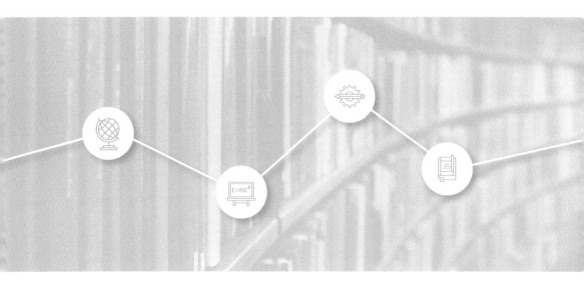

학지사

머리말

　이 책은 예비교사들에게 수업의 설계와 실제 수업에서 필요한 역량을 강화하는 데 초점을 두고 집필되었다. 전체적으로 수업을 중핵적인 내용으로 여기며 책의 내용을 구성하였다. 특히 수업설계에 필요한 지식과 절차를 이해하고 실질적인 수업실행을 진행할 수 있도록 구성하였다. 또한 예비교사들이 수업을 계획, 준비, 실행, 평가하기 위한 핵심적인 지식과 기술을 습득할 수 있도록 서술하였다. 가급적 이론적인 부분은 간결하게 제시했으며 실용성 있는 기법을 소개하는 데 주력하였고, 전체적으로 교육공학에 대한 이해를 바탕으로 세부적인 전략과 방법을 소개하기 위해서 노력하였다.

　이 책을 집필하면서 최신 동향을 반영한 내용을 풍부하게 포함시키려고 하였다. 또한 너무 오래되었거나 실용성이 떨어진다고 생각되는 개념을 덜어내고자 노력하였다. 예비교사들이 알고 있어야 하는 필수적인 이론을 중심으로 책의 내용을 구성하였다. 이 책에서 가장 중요한 영역은 수업에 대한 설계와 활동개발이다. 수업이란 그저 잘 가르치는 것이 아니라 실증적이고 논리적인 활동이어야 한다.

　이 책은 4부로 구성되어 있다. 제1부(제1~3장)에서는 교수설계의 기초가 되는 개념들을 다루었다. 제1장에서는 교육공학의 개념을 소개하고 교수와 학습의 관계를 설명하였다. 이 장을 통해서 수업과정과 활동에 대한 기초적인 개념을 형성할 수 있다. 제2장에서는 교수설계 절차를 설명하면서 교수설계의 특징과 절차를 소개하였다. 제3장에서는 학습내용을 어떻게 조직화할 것인지를 배울 수 있도록 구성하였다.

제2부(제4~6장)에서는 교수이론을 소개하고 교수이론이 반영된 수업설계 방법을 설명하였다. 제4장에서는 여러 가지 다양한 수업모형이 어떤 방식으로 적용될 수 있는지 설명하였다. 제5장에서는 실질적으로 수업활동을 어떻게 설계할 것인지 제시하였다. 제6장에서는 수업을 설계할 때 매체를 어떻게 활용할 수 있는지 설명하였다.

제3부(제7~9장)에서는 수업에서 디지털과 매체를 어떻게 활용할 것인지를 알아보았다. 제7장에서는 멀티미디어 설계에 필요한 인지이론적인 설계원리를 제공하였다. 제8장에서는 에듀테크와 디지털 학습환경의 동향변화에 초점을 두었다. 제9장에서는 인공지능을 교육적으로 활용하기 위한 방법을 제시하였다.

마지막 제4부(제10~12장)에서는 예비교사들이 실질적인 수업역량을 갖출 수 있도록 수업설계 실습과 수업 분석에 대한 내용을 다루었다. 제10장에서는 단원 수준의 설계활동을 연습할 수 있도록 했으며, 제11장에서는 단위차시 수준에서 지도안 작성 실습을 포함하였다. 마지막 제12장에서는 마이크로티칭을 포함하여 수업을 분석할 수 있는 방법을 제시하였다.

2023년 3월

류지헌, 김민정, 임태형

차례

제2부　교수이론과 수업설계

제3부　디지털 학습환경

제4부 수업설계 실습과 수업 분석

제1부

교수설계의 기초

제1장

교수학습의 이해

학습 안내

●●● 이 장에서는 수업의 근간을 이루는 교수와 학습과정을 알아보고, 두 개념에 대한 이해를 통해서 교육방법 및 교육공학 영역에 대한 이론적인 기초를 다진다. 1절에서는 교육공학의 개념을 정의하고, 교육공학이 어떤 영역에 주안점을 두고 있는지 알아본다. 2절에서는 학습에 대한 이해를 바탕으로 학습이론을 다루며, 학습이론의 전체적인 흐름을 살펴본다. 학습이론을 행동주의, 인지정보처리이론, 스키마이론, 상황학습이론, 구성주의의 관점에서 비교할 것이다. 3절에서는 교수이론이 발전한 역사적인 흐름을 살펴본다. 기본적으로 2020년대에 대한 전망을 통해서 교수이론의 변화 방향을 알아볼 것이다. 4절에서는 교수학습 과정과 수업에 대하여 알아보는데, 이를 통해 교수학습 과정을 구성하는 기본 요소가 무엇이며, 기본 요소 간에 어떤 관계를 형성하고 있는지 확인할 수 있다. 이러한 관계를 파악함으로써 수업과정의 본질을 논의한다.

핵심내용

01 교육공학의 정의와 목적
교육공학은 학습 증진을 위한 실천적 학문이다.

02 학습이론의 흐름
행동주의, 인지정보처리이론, 스키마이론, 상황학습이론, 구성주의의 기반을 갖고 있다.

03 교수이론의 흐름
최근의 동향을 포함한 교수이론의 발전 방향을 확인할 수 있다.

04 교수학습 과정과 수업
수업을 구성하는 요인을 이해하고 요인들의 관계를 설명할 수 있다.

1. 교육공학의 정의와 목적

교육공학에 대한 개념 정의를 통해서 교육공학의 목적 및 활용 범위를 확인할 수 있다. 일반적으로 교육공학을 컴퓨터와 같은 매체를 중심으로 하는 수업지원 체제로 인식하는 경우가 많다. 그러나 교육공학에 대한 이와 같은 해석은 제한적인 접근이다. 교육공학은 수업매체의 활용뿐만 아니라 수업 전반에 걸친 체제적 지원을 통해서 학습과 수행을 촉진시키기 위한 활동을 말한다.

2008년에 미국교육공학회에서는 그동안 정의해 왔던 교육공학의 목적을 다시 정의했는데, 이전의 개념 정의와 비교해서 보다 포괄적이면서 실용적인 측면을 강조하고 있다(이인숙, 한승연, 임병노, 2010). 가장 눈에 띄는 부분은 학습뿐만 아니라 수행의 향상도 교육공학의 목표로 간주하고 있다는 점이다.

"교육공학은 적절한 기술공학적인 과정과 자원을 창조, 활용, 관리해서 학습을 촉진하고 수행을 증진시키기 위한 연구 및 윤리적 실천이다(Educational Technology is the study and ethical practice of facilitating learning and improving performance by creating, using, and managing appropriate technological processes and resources)."

• 목적: 교육공학의 목표는 학습(learning)뿐만 아니라 수행(performance)을 포함하고 있다. 교육공학의 목표에 수행차원을 포함함으로써 교육공학이 학습보다 더 넓은 영역에 적용될 수 있음을 보여 주는 것이다. 학습이 새로운 지식의 습득에 초점을 두고 있다면, 수행은 습득한 지식을 적용

하는 단계로 확장된 것이라고 볼 수 있다.

- 대상: 교육공학은 학습의 촉진과 수행의 증진을 위하여 적절한 기술공학적인 과정과 자원(appropriate technological process and resources)을 활용해서 목적을 달성하는 것이다.
- 활동 영역: 교육공학의 활동 영역은 창조(creating), 활용(using) 및 관리(managing)다. 창조는 새로운 문제해결을 도출하는 고도의 적용 능력을 의미한다.
- 실천성: 교육공학은 실용성이 높은 영역이기 때문에 이론적인 연구(study)와 더불어 고도의 윤리적 실천성(ethical practice)을 강조하고 있다.

2. 학습이론의 흐름

학습이론은 학습이 일어나는 과정을 설명함으로써 학습을 촉진시키는 데 기여하기 위한 일종의 도구다. 학습이 일어나기 위한 필수적인 경험과 과정을 연구하는 것이 학습이론이다. 드리스콜과 버너(Driscoll & Burner, 2021)는 학습이론을 수행의 변화와 그 변화가 일어나게 된 원인을 설명해 주는 것이라고 보았다. 학습이 일어나기 위한 원인과 과정을 설명하기 위한 것이다.

학습이론을 구분할 때 가장 간단한 방법은 행동주의, 인지주의, 구성주의로 유형을 나누는 것이다(Ertmer & Newby, 2013). 그러나 이 방법을 사용하면 학습이론의 구분이 너무 단순해지기 때문에 관점의 차이를 명확하게 이해하는 것이 쉽지 않다. 따라서 이 책에서는 드리스콜(Driscoll, 2017)의 구분에 기초해서 다섯 가지의 관점으로 학습이론을 설명하고자 한다.

교육공학의 관점에서 학습이론은 수업을 설명하기 위한 기초이론이라고 할 수 있다. 그렇기 때문에 교육공학에서는 학습이론에 대한 단순한 설명보다는 수업의 관점에서 학습이론을 어떻게 이해해야 하는가를 고려해야 한다. 학습이론을 수업의 차원에서 이해하기 위해서 네 가지 질문에 대한 설명을 제공하는 관점으로 접근하고자 한다(Ertmer & Newby, 2013).

첫째, 학습은 어떻게 일어나는가? 이 질문은 학습을 어떻게 정의하는가를 알아보기 위한 것이다. 이 질문은 학습을 유발한 원인이 무엇인지를 설명하기 위한 것이다.

둘째, 학습에 영향을 미치는 요인은 무엇인가? 이 질문은 학습이 발생하는 과정을 탐구하기 위한 것이다. 중요한 영향을 미치고 있는 요인을 밝힐 수 있다면, 어떻게 학습을 촉진시킬 수 있을 것인지 이해할 수 있게 된다.

셋째, 교수이론과 연계할 수 있는 기본 가정 및 학습원리는 무엇인가? 학습이론을 처방적인 관점에서 설명하면 교수이론으로 적용할 수 있다. 그렇기 때문에 학습이론이 갖고 있는 기본 가정이나 학습원리가 어떻게 교수이론으로 연결되는가에 대해서 설명할 수 있어야 한다.

넷째, 학습을 촉진하기 위해서는 수업이 어떻게 구조화되어야 하는가? 이 질문은 교수이론을 구성하기 위한 설계절차나 모형에 대한 것이다. 이 질문에 대한 답변을 통해서 교수이론을 적용할 때 수업은 어떤 절차와 과정으로 구성되어야 하는가를 확인할 수 있다(Driscoll & Burner, 2021). 이 네 가지 질문에 근거해서 각 학습이론의 특징을 살펴보고자 한다.

1) 행동주의 학습이론

행동주의 학습이론(behavioral learning theory)은 학습을 설명하기 위한 이론 중에서 가장 오래된 역사를 갖고 있다고 해도 과언이 아니다. 행동주의 학습이론에서는 학습자의 행동변화를 학습으로 간주하고 있으며, 행동변화가 나타날 수 있는 요건에 초점을 두고 학습과정을 설명하고 있다. 행동주의 학습이론에서는 행동을 유발시킬 수 있는 외적인 요인을 적절하게 통제하는 것이 중요하다.

• 학습은 어떻게 일어나는가?

행동주의 학습이론에서는 관찰 가능한 행동의 변화가 나타났을 때 학습이 발생하는 것으로 간주한다. 또한 자극과 반응이 연결되었을 때 학습이 발생하는 것으로 보고 있다. 그러나 관찰 가능한 행동의 변화라도 일시적인 변화가 불규칙적으로 나타날 경우에는 학습이 완료된 것으로 간주하지 않는다.

• 학습에 영향을 미치는 요인은 무엇인가?

행동주의 학습이론에서는 자극과 반응의 연결을 학습으로 보기 때문에 이러한 연결을 높이는 것이 학습에 긍정적인 영향을 주는 요인이라고 본다. 행동주의 학습이론에서는 연결강도를 높일 수 있는 강화요인을 적절한 시점에 제공하는 것이 중요하다. 따라서 이러한 학습이론에 따르면, 행동을 유발하는 원인과 그것에 대응하여 나타나는 행동반응이 강하게 연결되도록 하는 데 주안점을 두게 된다.

• 교수이론과 연관되어 있는 기본가정 및 학습원리는 무엇인가?

가장 대표적인 학습원리는 만족스러운 결과가 행동의 증가를 유발한다는 '효과의 법칙(Law of effect)'이다. 시행착오나 효과의 법칙과 같이 기대되는 행동에 대한 만족스러운 결과를 연결시켜 주어야 한다. 또한 학습과정의 '점진적 숙달원리'를 강조함으로써, 복잡하게 구성된 행동반응은 단순한 행동반응으로 세분화될 수 있음을 강조하고 있다. 이와 같이 행동주의 학습이론에서는 세분화된 행동이 모여서 복잡한 학습을 완성할 수 있다고 가정한다

• 학습촉진을 위해서 수업은 어떻게 구조화되어야 하는가?

학습을 촉진시키기 위해서는 자극-반응의 연결강도를 높이고 절차를 세분화해서 각 단계별 자극-반응의 연결을 손쉽게 만들어 주어야 한다. 연결강도를 높이기 위해서는 반응행동이 유발된 자극요인을 명확하게 제시하는

것이 중요하다. 또한 절차의 세분화가 적용된 수업을 구성해야 하고, 위계적 관계가 잘 반영된 수업목표를 제시해야 한다.

2) 인지정보처리이론

인지정보처리이론(cognitive information processing theory)은 학습자가 내적으로 처리하는 정보에 초점을 두고 있다. 이러한 관점은 행동주의 학습이론과는 전혀 다른 접근이다. 학습자에게 입력된 정보가 내적으로 어떤 과정을 거쳐서 학습자의 장기기억에 저장되는가를 설명하고 있다. 학습자의 사전지식이 새로운 지식의 습득에 중요한 역할을 한다고 보고 있다.

• 학습은 어떻게 일어나는가?

인지정보처리이론에서는 학습을 외부에서 들어온 새로운 정보가 학습자의 사전지식과 연결되어 장기기억에 안정적으로 저장되는 것이라고 설명한다. 외부에서 입력된 정보는 감각등록기, 단기기억 혹은 작업기억, 장기기억을 거쳐 학습자의 사전지식과 결합된다. 장기기억에 제대로 저장된 정보는 나중에 다시 활성화되어 사용할 수 있도록 인출될 수 있다고 가정한다.

• 학습에 영향을 미치는 요인은 무엇인가?

외부에서 입력된 정보가 학습자에게 안정적으로 저장되기 위해서는 새로운 지식의 처리과정과 학습자의 사전지식이라는 두 가지 요인이 중요하다. 이 관점에서는 주의집중이나 관련된 정보를 연결시키기 위한 노력이 있어야 학습이 잘 진행될 수 있다고 본다. 그리고 학습자의 사전지식이 풍부하다면, 새로운 지식에 대한 학습이 촉진될 것이라고 가정한다.

• 교수이론과 연관되어 있는 기본가정 및 학습원리는 무엇인가?

새로운 정보에 대한 주의집중을 촉진하고 장기기억으로의 전환을 촉진시키기 위해서는 학습내용에 대한 조직화가 중요하다. 또한 새로운 지식과 기존 지식의 연결이 중요하기 때문에 사전지식을 활성화해서 새롭게 학습할 내용과 연결시킬 수 있도록 하는 전략이 중요하다. 새로 배운 내용을 기존의 지식 상태에서 이해할 수 있도록 만들기 위한 것이다.

• 학습촉진을 위해서 수업은 어떻게 구조화되어야 하는가?

인지정보처리이론의 관점에서는 학습촉진을 위해서는 정보의 입력이 효과적으로 일어나고 사전지식을 서로 연계하여 학습할 수 있도록 수업을 구조화해야 한다고 본다. 사전지식이 새롭게 배울 내용과 연계될 수 있도록 수업 활동을 구성해야 한다. 그리고 학습목표를 명확하게 제시하고, 수업 차시를 위계적으로 구성하도록 하고 있다.

3) 스키마이론

스키마이론(schema theory)은 기본적으로 인지정보처리이론으로부터 유래되었기 때문에 많은 영역에서 유사한 특징을 갖고 있다. 그러나 스키마이론은 학습자의 전문성에 의해서 어떻게 지식이 표현되며, 어떻게 학습되는가에 초점을 두고 있다. 그렇기 때문에 단순하게 암송되는 기억보다는 장기기억에 저장된 복잡한 구조의 지식체계가 어떻게 형성되는가에 더 큰 관심을 두고 있다.

• 학습은 어떻게 일어나는가?

스키마이론에서는 복잡한 구조로 만들어진 지식체제가 하나의 덩어리처럼 형성되어야 한다고 가정한다. 지식이 복잡한 형태의 덩어리로 만들어지기 위해서는 여러 작은 지식구조를 하나의 커다란 단일구조로 만들어야 하는데, 이런 과정을 지식의 자동화라고 한다. 여러 단계를 거쳐서 해야 하는 일도 끊임없는 반복을 수행하면 여러 단계의 과정을 마치 하나의 동작처럼 쉽고 빠르게 수행할 수 있다. 전문가의 지식구조는 많은 지식이 자동화되어 하나의 큰 덩어리가 된 것이라고 가정한다.

• 학습에 영향을 미치는 요인은 무엇인가?

스키마이론의 관점에서는 지식의 자동화 과정을 촉진시키는 것이 학습이라고 본다. 즉, 자동화가 신속하게 진행되어야 스키마의 획득이 쉽다. 그런데 자동화는 작업기억에서 일어나는데, 작업기억의 용량이 제한되어 있기 때문에 작업기억을 효율적으로 사용할 수 있는 전략이나 요인이 중요한 교수원리다.

• 교수이론과 연관되어 있는 기본가정 및 학습원리는 무엇인가?

스키마이론에 따른 교수이론으로는 인지부하이론을 들 수 있는데, 자동화를 수행하기 위한 작업기억의 효율적 활용이 주요 논쟁이다. 따라서 스키마를 원활하게 사용하기 위해서는 제한된 용량의 작업기억을 효율적으로 활용하기 위한 방법이 중요하다. 그런데 인지과부하가 발생하면 스키마 생성에 필요한 자동화가 느려지거나 멈출 수 있기 때문에 적절한 수준의 인지부하를 유지해야 한다고 강조하고 있다.

• 학습촉진을 위해서 수업은 어떻게 구조화되어야 하는가?

자동화를 촉진시킬 수 있도록 학습내용을 구조화하는 것이 중요하다. 소리와 시각 자료의 구분이나 글자 및 그림 정보의 활용에서도 인지부하를 효율적으로 관리하기 위한 방법을 강조하고 있다. 스키마이론에서는 효과적인 학습을 위해서 기본적인 스키마 구조의 획득이 중요하다고 강조한다. 그렇기 때문에 효과적인 수업을 만들기 위해서 개별적인 학습내용보다도 전체적인 스키마 구조를 강조한다.

4) 상황학습이론

상황학습이론(situated learning theory)은 기존의 학습이론과는 매우 다른 관점에서 학습을 보고 있다. 그동안의 학습이론들은 주로 개인적인 차원에서 학습을 설명했다. 그러나 상황학습이론에서는 학습자 사이에서 발생하는 사회문화적인 관계에 의해서 학습이 발생한다고 가정한다. 따라서 타인이나 공동체에서의 협력학습을 중요하게 인식하고 있다.

• 학습은 어떻게 일어나는가?

학습은 어떤 학습자가 자신이 속한 공동체에 참여함으로써 발생된다고 가정한다. 상황학습이론에서는 학습을 개인적인 차원에서 지식을 쌓는 것이 아니라 그 자신이 속해 있는 공동체에 참여하는 과정에서 학습이 발생한다고 보고 있다. 상황학습이론은 공동체에 소속된 구성원이 참여의 폭을 넓히면서 더 깊게 이해하고 수행할 수 있게 된다고 가정한다.

• 학습에 영향을 미치는 요인은 무엇인가?

상황학습이론의 관점에서 사회문화적 요인을 강조하고 있기 때문에 학습에 영향을 미치는 요인은 공동체에서의 적극적인 참여 활동이다. 따라서 활발한 참여를 유발하기 위하여 학습자에게 역할을 부여해서 참여를 촉진시키는 방법을 적용할 수 있다. 또한 학습자의 개입을 높이기 위한 의사소통 도구를 강조하기도 한다.

• 교수이론과 연관되어 있는 기본가정 및 학습원리는 무엇인가?

상황학습이론은 학습자들이 학습활동에 적극적으로 참여할 수 있도록 사실성이 높은 이야기를 제공해서 문화 또는 사회공동체를 강조하는 방법을 적용하고 있다. 즉, 학습자가 쉽게 사회적 관계를 형성할 수 있도록 학습장면을 구현해 줌으로써 학습내용에 대하여 적극적으로 참여할 수 있도록 이끄는 방법이다. 또한 어떤 시나리오나 장면을 제시해서 학습개입이 적극적으로 일어날 수 있도록 만들기도 한다.

• 학습촉진을 위해서 수업은 어떻게 구조화되어야 하는가?

공동체적인 참여를 이끌어 내기 위해서 학습자들의 아이디어나 정보가 손쉽게 공유될 수 있도록 만들어야 한다. 또한 학습활동 참여에 따른 상호의존성을 높일 수 있도록 해서 자신의 참여가 다른 학습자의 참여에도 긍정적인 기여를 할 수 있도록 해야 한다. 따라서 학습자에게 실제적인 학습장면을 제공해 주기 위해서 학습상황에 대한 맥락의 구현이 중요하다.

5) 구성주의

구성주의는 상황학습이론적인 측면을 포괄하는 개념이기도 하다. 인지정보처리이론에서는 환경으로부터 입력된 정보가 학습자의 장기기억에 저장되는 과정을 학습으로 정의했다. 그러나 구성주의에서는 학습자가 환경과의 상호작용을 위해서 자신의 지식을 활용하면서 새롭게 지식이 구성학습된다는 점을 강조하고 있다.

• 학습은 어떻게 일어나는가?

구성주의에서는 학습자에 따라서 지식이 다르게 형성되기 때문에 지식이 활용되는 맥락을 강조하고 있다. 그렇기 때문에 구성주의에서는 지식 형성의 과정을 중요하게 여기며, 지식의 맥락이 학습의 성패를 결정하는 중요한 요인이라고 본다. 적극적인 개입을 통해서 학습상황에 참여하는 것을 강조하며, 고차적인 인지활동을 목표로 한다.

• 학습에 영향을 미치는 요인은 무엇인가?

지식이 경험으로 구성된다는 의미는 학습자 스스로가 자신의 경험에 근거하여 지식을 구성한다는 뜻이다. 지식이 사용되는 실제적인 적용을 통해 학습을 해야만 지식이 갖고 있는 의미를 깨닫고 자기 경험의 일부분으로 구성하게 된다는 것이다. 그렇기 때문에 구성주의에서는 지식이 외부 세계가 아닌 학습자의 마음에 존재한다고 가정한다.

• 교수이론과 연관되어 있는 기본가정 및 학습원리는 무엇인가?

구성주의에서는 학습자 스스로가 학습의 주체가 되고, 교수자는 조언자 또는 촉진자로서 학습자의 지식 구성 과정을 돕는다고 가정한다. 따라서 구성주의적 관점에서는 학습자에게 적합한 학습맥락을 구성하는 것이 중요하다. 구성주의에서는 학습자가 학습과정에 대한 성찰을 통해서 학습결과를 반성하도록 한다.

• 학습촉진을 위해서 수업은 어떻게 구조화되어야 하는가?

구성주의자들에 따르면, 학습자가 자신의 지식을 구성하기 위해서는 단순한 암기나 탈맥락적으로 제시된 지식을 암기하는 것이 아니라 성찰의 과정을 통하여 자신의 것으로 만든다. 또한 다양한 관점을 통해 지식에 대한 심층적인 이해를 할 수 있다. 〈표 1-1〉은 지금까지 설명한 학습이론의 특징을 요약하여 제시한 것이다. 다섯 가지 학습이론의 차이점이 수업설계에 어떤 영향을 미치는지를 비교하면서 내용을 확인해 보자.

표 1-1 학습이론의 특징 비교

	행동주의	인지 정보처리	스키마이론	상황 학습이론	구성주의
학습의 정의	자극과 반응이 연결되어 관찰 가능한 행동의 변화	새로운 지식이 사전지식과 연결되어 장기기억에 저장	지식의 복잡한 구조가 합쳐지면서 더 큰 구조로 합치는 변화	공동체에 참여하는 과정을 통해서 학습이 발생	실제적인 지식 활용을 통한 맥락 이해 및 활용 능력의 구성
영향요인	행동의 연결강도를 높이기 위한 강화요인	주의집중 및 사전지식과의 연결	스키마 형성에 따른 지식구조의 자동화	공동체 활동에 대한 적극적인 참여	지식이 사용되는 맥락정보의 제공
교수원리	만족스러운 경험의 제공	사전지식의 활성화	작업기억의 효율적 활용	사회적 관계를 통한 공동체 활동	지식이 활용되는 맥락의 이해
수업활동의 설계	절차의 세분화와 위계적 행동 목표	사전지식과의 연계성 확보	학습내용의 구조화	사회적 협상과 협력적 학습경험	다양한 관점에 대한 성찰

3. 교수이론의 흐름

교수는 학습을 촉진시키기 위해 정보, 상황, 조건 등 제반 환경을 조성하고 제공하는 행위다. 반면에 학습이론은 학습이 일어나는 과정에 대한 설명적 접근이라고 볼 수 있다. 그렇기 때문에 수업과정을 연구하고 분석하기 위해서는 학습과 교수과정을 모두 이해하고 있어야 한다. 레이게루스와 스테인 (Reigeluth & Stein, 1983)에 따르면, 교수이론은 학습목표의 효과적인 달성을 위한 방법을 연구하는 것이다. 즉, 바람직한 결과를 얻기 위한 최적의 학습환경을 구현하는 것이 교수이론이라는 것이다. 더 나아가 교수이론에는 학습자, 학습과제, 학습환경, 학습상황이 포함되어야 한다고 보고 있다. 이는 교수이론이 이들의 상호작용 속에 수업목표를 달성하기 위한 활동이 되어야 함을 의미한다. 따라서 교수이론은 교수활동의 규준을 정함으로써 학습촉진에 기여하는 내용들로 구성되어야 한다(Reiser & Dempsey, 2017). 교수이론은 제 2차 세계대전을 거치면서 발달하였다. 전쟁을 거치면서 훈련의 효과성을 높이기 위한 여러 가지 접근이 이루어졌는데, 1940년대와 1950년대를 거치면서 행동주의의 영향을 받은 교수이론들이 나타났다. [그림 1-1]은 1960년대 이후의 교수이론의 발달과정을 보여 주고 있다.

[그림 1-1] 교수이론의 발달 역사

1) 1960년대: 행동주의

행동주의에 의한 영향은 1960년대에도 지속되었다. 이 시기에 개별학습을 위한 교수절차에 대한 연구가 활발하게 진행되었다. 대표적인 것이 프로그램 교수(programmed instruction)다. 이것은 개별학습자의 학습속도에 따라서 진행될 수 있도록 구성된 교수절차로, 학습자에게 적합한 학습계열을 제시하고 학습자가 자신의 학습속도에 따라서 학습을 할 수 있도록 만들어 주기 위한 것이었다. 또한 행동적 목표 진술과 같이 학습내용의 분석, 학습목표의 상세화, 준거지향 검사 등의 개념이 발달하게 되었다.

2) 1970년대: 체제이론

1970년대는 체제적 교수설계이론이 도입된 시기이며, 다양한 교수설계모형이 개발되었다. 대표적인 교수설계모형이라고 할 수 있는 딕(Dick)과 케리(Carey)의 교수설계모형도 이 시기에 개발된 것이다. 체제이론에 입각한 교수설계모형들이 적극적으로 적용되기 시작하였으며, 체제이론은 교수설계 분야를 확산시킨 중요한 이론적인 근거가 되었으며, 교수설계의 효과성 및 효율성을 높인 중요한 계기라고 할 수 있다.

3) 1980년대: 인지주의

1970년대에 체제적 관점이 적용되었으나 여전히 행동주의적 관점에서의 교수이론이 영향력을 발휘했다. 학습목표에 대한 행동적 진술 목표 방식이 대표적인 사례다. 그런데 1980년대에 들어서면서 정보처리이론이나 인지주의적 관점이 광범위하게 적용되었다. 즉, 1980년대에 들어서면서 교수설계이론들은 더욱 정교화되기 시작하였다. 특히 피아제(Piaget)는 인지발달이론을 발전시킴으로써 인지심리학적인 지식을 수업 상황에 적용하였다. 그리고 이러한 이론들을 적용한 교수이론이 등장하게 되었다.

4) 1990년대: 구성주의

1990년대를 거치면서 교수설계에 대한 새로운 시각이 등장하게 되었는데, 바로 구성주의적 관점이다. 구성주의의 관점을 취하고 있는 교수설계이론 혹은 모형의 주장을 정리해 보면, 복잡한 학습과제의 제공, 학습자에 의한 학습과정 촉진, 문제해결력의 증진, 협력학습에 대한 강조 등을 들 수 있다. 즉, 학습자들이 스스로 지식을 구성할 수 있도록 교수학습 상황을 최적화해야 한다는 것이다. 구성주의의 관점은 교수설계 절차나 관점에 매우 큰 영향을 미쳤으며, 지금까지도 교수설계를 위한 중요한 이론적 근거가 되고 있다.

5) 2000년대: 이러닝

2000년대에 들어서면서 인터넷과 디지털 매체의 활용이 늘어감에 따라 이러닝이 더욱 확산되었다. 이러닝은 네트워크를 매개로 하는 학습환경으로, 온라인 학습으로 대표되는 학습형태다. 이러닝을 교수이론이라고 볼 수는 없지만, 거리나 시간의 제약과 같은 학습자의 요구를 반영한 수업이 적극적으로 개발되었다. 인터넷을 활용함으로써 네트워크 기반의 학습환경을 제공하였으며, 이를 통하여 원격학습을 확산시키는 결과를 이끌었다. 이러닝의 발달은 학습에 대한 물리적·시간적 제약을 낮추는 계기를 마련하게 되었다. 또한 비형식적 교육이 강조됨으로써 다양한 형태의 수업활동이 가능해졌으며, 학습형태 역시 다변화되었다.

6) 2010년대: 스마트러닝

스마트러닝은 스마트 기기의 확장으로 미디어가 확산되면서 가능해진 학습형태다. 스마트 기기는 이동성과 휴대성이 높아서 학습자가 필요한 정보나 내용을 언제, 어디에서든 수시로 제공해 줄 수 있기 때문에 학습자의 필요에 따른 맞춤형 학습지원이 가능하다. 이로 인해 스마트러닝은 디지털 학습이라는 새로운 형태의 학습유형을 확산시킬 수 있는 계기를 마련하게 되었다. 기술공학적인 발달이 가속화되면서 새로운 사회적 요구나 형태를 반영한 학습개념이 등장하게 된 것이다.

7) 2020년대: AI 기반 학습체제

2020년대에는 AI 기반 학습이 확산될 것으로 전망된다. 이것은 학습자의 상태에 따라서 학습자 개인에게 적절한 처방을 제공해 주는 맞춤형 학습지원 활동을 의미한다. 2010년 후반에 들어서면서 인공지능이나 학습분석학이 큰 주목을 받았다. 인공지능 기반의 학습체제는 학습자의 상태를 파악해서 적절한 교수적인 처방이 제공되는 것이다. 학습분석학은 학습자의 행위 분석을 통하여 적절한 처방을 제공하기 위한 것이다. 이러한 경향은 모두 학습자의 상태에 적합한 학습지원을 해 주기 위한 적응적 학습체제라고 볼 수 있다.

4. 교수학습 과정과 수업

1) 수업의 요인

수업의 구성요인을 이해하기 위해서는 우선 수업을 정의할 수 있어야 한다. 일반적으로 말하는 수업은 학교학습을 전제로 하는데, 한자로 풀어 보면 수업(授業)으로 불린다. 수업은 '줄 수(授)'와 '일 업(業)'이 결합된 단어로, 교사가 학생에게 지식이나 기능을 가르치는 행위를 비롯하여 학습을 촉진시키기 위한 제반 활동을 의미한다. 이러한 수업에서 의미하는 '학습'은 사실상 '수업에 의한 학습'이라는 점을 가정해야 한다. 따라서 자연스럽게 발생하는 무의도적인 학습이 아니라 교육적인 목적을 충족시키기 위한 활동으로서의 학습을 의미한다.

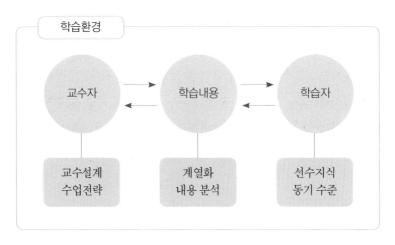

[그림 1-2] 수업의 구성요인

　　수업을 구성하는 핵심 요인은, ① 교수자, ② 학습내용, ③ 학습자다. 그밖에 이러한 수업의 구성요인을 포함하는 학습환경을 고려할 수 있다. [그림 1-2]는 이러한 수업의 구성요인을 설명하고 있다. 교수자 요인은 교사에 의해서 주로 작용하는 요인이다. 이것은 교사가 어떻게 수업을 운영할 것인지를 결정하는 것이다. 학습내용은 수업에서 다루고 있는 실제적인 내용을 지칭한다. 학습내용에 따라서 수업목표가 달라질 수 있으며, 수업목표가 달라지면 수업과정이나 수업전략도 달라져야 한다. 학습자는 수업과정의 다양한 조건을 결정하는 가장 핵심적인 요인이다. 왜냐하면 학습자 요인은 학습내용과 직접적으로 상호작용하고 있기 때문이다.

　　교수자는 효과적인 수업을 설계하고 실행하는 가장 중요한 책임을 갖고 있다. 따라서 학습상황에 적합한 교수설계를 적용할 수 있는 다양한 전문적 지식을 갖추고 있어야 한다. 교수자가 수업전략을 효율적으로 활용하는지의 여부에 따라서 학습효과가 달라지기 때문에 교수자의 전문성 요인은 매우 중요한 역할을 한다.

　　학습내용은 수업목표와 수업처치를 결정하는 중요한 요인이다. 왜냐하면 학습내용은 수업과정의 계열화를 구성하는 기초 단위가 되며, 학습내용에 대한 분석을 통해 수업의 계열화를 구성하기 때문이다. 수업활동을 촉진하기 위해서는 학습내용이 순차적으로 이해될 수 있도록 학습내용에 대한 분석이 선행되어야 한다. 학습자는 학습목표의 수준과 수업전략을 결정하는 중요한 내적 요인이다. 학습자의 선수학습 수준에 따라서 학습활동이 달라질 수 있으며, 학습자의 동기 수준은 수업의 역동성에 매우 큰 영향을 미친다.

2) 효과적인 수업

수업은 학습목표를 달성하기 위해 의도적으로 구성된 조직화된 활동이다. 그렇기 때문에 수업은 학교학습의 주요 목적인 교육적 기능을 달성해야 한다. 수업을 통해서 발생하는 학습은 가치지향적인 활동이다. 이에 대해 변영계(2005)는 학습을 학습의 주체, 학습의 상황, 행동의 변화를 바탕으로 정의하면서 세부적으로 학습의 범위를 한정지었다. 첫째, 학습의 주체에 대한 규정이다. 학습의 주체는 교육적 기능을 가진 제도적 기관에서 교육을 받은 자이어야 한다는 것이다. 학습의 주체가 학생이어야 한다는 것은 학습을 위한 지원체제에서 교사의 역할을 규정하기 위한 것이라고 할 수 있다. 둘째, 학습의 상황은 의도적으로 제공되는 것에만 국한한다. 즉, 의도적인 목적에 의한 행동의 변화만을 학습의 범주에 포함시킨다는 것이다. 이것은 우연에 의한 학습을 배제하려는 것으로 형식적으로 규정되는 수업목표의 구성이나 교육과정의 중요성을 강조하고 있다. 셋째, 학습을 통한 행동의 변화는 바람직한 행동의 변화를 전제로 한다. 바람직한 행동은 가치지향적인 행동변화를 목적으로 추구하고 있음을 의미한다.

이러한 학습의 목표를 달성하기 위해서는 학습자 개개인의 요구에 적합한 수업전략이 적용되어야 한다. 이런 측면에서 수업은 다양한 교수매체를 활용한 목표 지향적 과정이라고 정의할 수 있다. 수업을 운영하기 위해서는 여러 종류의 매체를 활용할 수 있는데, 이러한 매체들을 체제적인 설계 절차에 따라서 활용한다면 매우 효과적인 수업을 실행할 수 있을 것이다. 효과적인 수업을 위해서 고려할 사항을 정리하면 다음과 같다.

첫째, 수업은 개개인의 학습을 촉진시킬 수 있도록 계획되어야 한다. 학습자 개인의 선수지식과 동기 수준을 반영할 수 있어야 한다는 것이다. 학습자의 개별적인 요구를 충족시킬 수 있는 수업활동을 구성하는 것이 중요하다. 둘째, 수업계획은 목표 지향적인 의도적 활동이다. 수업은 의도적인 활동이기 때문에 우연히 어떤 결과가 도출되는 것이 아니며, 그렇다고 무조건 학습환경을 풍부하게만 만든다고 해서 좋은 것도 아니다. 학습자에게 바람직한 인간발달 조건을 제공하기 위하여 체계적으로 설계되어야 한다. 셋째, 수업은 체제적 접근을 이용하여 설계되어야 한다. 이것은 수업설계가 과학적인 분석과 결과에 근거한 활동이어야 함을 전제한다. 실증적으로 밝혀진 설계 원리를 적용함으로써 보다 효과적인 수업모형을 제시할 수 있을 것이다.

제2장

교수설계와 체제적 접근

학습 안내

●●● 이 장에서는 교육공학의 핵심 영역인 교수설계의 개념과 원리를 알아보고, 이를 바탕으로 수업활동의 구성과정을 살펴본다. 1절에서는 교수설계의 특징을 알아본다. 또한 교수설계를 거시적 측면과 미시적 측면으로 구분한 다음에 차이점을 살펴본다. 2절에서는 교수설계와 교수설계이론에 대해서 소개하고, 교수설계이론의 네 가지 중요한 특징(설계지향성, 교수방법과 상황의 규정, 하위 요인, 개연적 방법의 제안)이 무엇인지 알아본다. 3절에서는 체제적 접근의 필요성과 교수설계모형을 구분하여 체제적 접근의 장점과 교수설계모형의 특징을 적용함으로써 수업활동을 구성하기 위해 어떤 요소들을 고려해야 하는지를 알아본다. 4절에서는 교수설계모형인 ADDIE 모형과 딕과 케리의 체제적 교수설계모형의 절차를 다룬다. 두 가지 모형을 비교함으로써 공통점과 차이점을 구분해 본다.

핵심 내용

01 교수설계의 특징과 범위
   학습자 중심이고, 목적지향적이며, 수행 향상을 목적으로 하고, 실증적 결과를 바탕으로 하며, 거시적
   관점과 미시적 관점으로 구분된다.

02 교수설계이론
   설계지향성, 교수방법과 상황 규정, 하위 요인, 개연적 방법을 제안한다.

03 체제적 접근
   체제는 공통의 목적을 위해 여러 요소가 체계적으로 구성된 조직체다.

04 교수설계모형
   ADDIE 모형과 딕과 케리의 모형의 관계를 이해한다.

1. 교수설계의 특징과 범위

1) 교수설계의 특징

교수설계는 교육공학의 핵심 분야로 수업을 체계적으로 구성하는 과정이다. 수업을 구성하기 위해서는 가르칠 내용과 학습자의 특징을 잘 이해하고 있어야 한다. 교수설계는 특정한 학습자를 대상으로 목표한 학습수행의 성취에 도달하기 위해 최선의 수업방법을 구성하는 조직적인 절차와 과정이다 (Dousay, 2018). 교수설계는 수업목표를 효과적으로 달성하기 위해 다양한 수업방법을 적용하는 과정이라고 할 수 있다(Brown & Green, 2020). 교수설계는 교육공학의 영역 중에서 설계 영역만을 지칭하는 협의적 의미로 사용되기도 하고, 설계, 개발, 평가의 모든 영역을 포함하는 광의적 의미로 사용되기도 한다. 이러한 교수설계의 복합적인 성격 때문에 학자들은 서로 다른 관점에서 교수설계를 다르게 정의하여 사용해 왔다. 라이저와 뎀프시(Reiser & Dempsey, 2017)는 교수설계의 특징을 다음과 같이 정리하였다.

- 교수설계는 학습자 중심이다. 학습자 중심이라는 뜻은 모든 교수활동이 학습자의 수행에 초점을 맞추고 있다는 것이다. 교수활동은 궁극적으로 학습자의 학습활동을 촉진시키기 위한 것이다.
- 교수설계는 목적지향적이다. 교수설계의 과정은 학습자의 성취와 교수자의 기대를 충족시키기 위해 최선의 교수학습방법을 기획하는 것이다.
- 교수설계는 실제적인 수행 향상을 목적으로 한다. 교수설계는 학습자가 단순한 지식을 암기하도록 하는 것을 목적으로 하지 않는다. 교수설계의

목적은 오히려 실제 상황에서 필요한 지식이나 기술을 습득하도록 하기 위한 것이다. 어떤 교수목표가 설정되었다면, 학습의 결과로서 의도했던 수행을 학습자가 실제로 할 수 있는가를 측정할 수 있어야 한다.

• 교수설계는 이론으로 그치는 것이 아니라 실증적 결과를 바탕으로 한다. 교수설계의 결과는 언제나 실증적인 자료에 근거해서 이루어진다. 교수설계의 효과를 측정하기 위한 다양한 데이터는 교수설계 초기 단계부터 적용 및 마지막 평가 단계에 이르기까지 지속적으로 수집된다.

2) 거시적 교수설계와 미시적 교수설계

교수설계는 교수체제 설계 또는 교수체제 개발이라는 용어로 불리기도 하는데, 여기서 핵심은 교수(instruction)를 하나의 체제(system)로 간주한다는 점이다. 거시적 관점인지 혹은 미시적 관점인지에 따라서 적용 수준이 달라질 수 있지만, 교수설계는 교육에 관련된 모든 상황과 요소를 하나의 체제로 간주한다. 즉, 교육에 대한 요구 및 문제점을 파악하고, 목표 달성을 위한 내용, 방법, 평가에 이르기까지의 모든 과정을 계획하고 개발하기 위한 체제적 접근이다(고재희, 2008).

표 2-1 거시적 교수설계와 미시적 교수설계의 비교

구분	거시적 교수설계	미시적 교수설계
대상 및 범위	국가의 교육체제, 교육과정, 교과 전체	단위, 단위 차시 수업
목적	교과내용 및 교육내용 선정, 교육 프로그램의 운영 및 평가전략 개발	수업실행에 대한 전략 수립
초점	교육훈련 프로그램 및 교육과정	최적의 교수방법 결정

출처: 조규락, 김선연(2006)의 내용을 재구성

교수설계의 적용 대상 및 범위는 전반적인 교육체제 및 교육과정에서부터 단위 수업에 이르기까지 매우 광범위하다. 이런 관점에서 교수설계는 그 대상과 범위에 따라서 거시적 수준의 교수설계와 미시적 수준의 교수설계로 구분될 수 있다(Richey, 1995). 〈표 2-1〉은 거시적 교수설계와 미시적 교수설계의 차이점을 보여 준다. 거시적 수준의 교수설계는 한 국가나 사회의 교육체제, 교육과정 혹은 한 교과의 전체 및 교과의 단원을 대상으로 한다. 반면에, 미시적 수준의 교수설계는 가르쳐야 할 내용이 선정된 후 단위 수업시간에서의 활동을 의미한다.

교수설계의 목적도 거시적 수준 혹은 미시적 수준에 따라서 달라진다. 거시적 수준은 초등 및 중등 학교교육의 수업내용을 계열화한 수업구성을 지칭하며, 교과내용 및 교육과정을 구성하기 위한 것이다. 그렇기 때문에 거시적 수준에서의 수업설계에서는 교육훈련 체제, 교육과정과 같이 큰 구조에서의 수업계열의 선정과 교수전략 및 평가전략에 초점을 두고 있다. 그러나 미시적 수준의 교수설계는 단위 차시에서 수업을 설계하는 것을 의미한다. 따라서 미시적 수준에서의 수업설계는 하나의 수업실행을 위한 구체적인 기법 등에 초점을 두게 된다.

2. 교수설계이론

1) 교수설계와 교수설계이론

앞서 살펴보았듯이, 교수설계는 특정의 학습내용과 특정의 학습자가 주어졌을 때 학습자가 기대하는 바람직한 변화를 일으킬 수 있는 최적의 교수방법이 무엇인가를 결정해 나가는 과정 또는 절차를 의미한다(Reigeluth, 1999). 여기서 말하는 '최적의 교수방법'의 결정은 즉흥적으로 정해지는 것이 아니라 오랜 연구와 경험을 통해 축적된 명백한 지침과 원리를 통해 이루어져야 한다. '교수설계이론(instructional design theory)'은 이러한 '명백한 지침 및 원리'를 제공하는 이론으로, '잘 배울 수 있는(learning) 방법을 개발(developing)하는 방법에 대한 이론'이라고 정의되고 있다(Reigeluth, 2009).

교수설계를 위한 명백한 지침을 제공하는 교수설계이론은 오랜 연구와 경험을 통해 제안되고 지속적으로 정교화되어 왔다. 초기 교수설계이론의 발달에 가장 큰 영향을 미친 학자로는 스키너(Skinner), 브루너(Bruner), 그리고 오스벨(Ausubel) 등을 꼽을 수 있다(나일주, 2007). 스키너는 교수와 학습의 차이를 구분하고 행동주의적 입장에서 경험적 교수이론을 제공하여 교수활동을 설명하고 처방하는 원리를 제공하였으며, 브루너와 오스벨은 인지주의적 입장에서 인지구조에 관한 교수이론을 제시하였다. 글레이저(Glaser)와 가네(Gagné) 등은 초기 교수이론가들의 연구를 바탕으로 하여 교수설계이론의 성립에 크게 기여했다.

2) 교수설계이론의 특징

교수설계이론은 학습자로 하여금 바람직한 변화를 일으킬 수 있도록 하는 최적의 교수방법을 제시해 주는 이론으로, 교수학습을 교육 실제에 적용하여 유용하게 이용할 수 있는 처방적인 지식 체계로서 의의가 있다.

(1) 설계지향성

교수설계이론은 설계지향적(design-oriented)이라는 특징을 갖고 있다. 이 것은 교수목표를 달성하기 위한 효과적인 방법이나 전략을 추구한다는 뜻이기도 하다. 어떤 결과를 달성하기 위해서 의도적인 전략이 적용된다는 의미에서 처방지향적(prescription-oriented)이라고도 한다. 처방이라는 것은 마치 의사가 병을 고치기 위해서 특정한 약이나 치료를 처방하는 것과 같이 수업목표를 달성하기 위한 전략적인 활동이라는 것이다. 교수이론은 수업목표를 효과적이고 효율적으로 달성하기 위한 방법을 추구한다.

(2) 교수방법과 상황의 규정

교수설계이론은 학습을 지원하고 촉진하는 방법(instructional methods)과 그 방법이 사용되고 사용되지 않는 상황(situations)을 규정한다. 어떤 교수학습 상황에서 어떤 방법을 사용해야 하는지, 어떤 방법을 사용해서는 안 되는지를 구체화하는 것이다. 동일한 학습내용일지라도 배우는 맥락이 다르면 적용해야 할 교수방법이 다를 수 있다.

(3) 하위 요인

대부분의 교수설계이론은 세부적인 하위 요인으로 구성되어 있다. 하위 요인을 구성함으로써 교수 상황에 적합한 최적의 수업방법을 논리적으로 도출할 수 있기 때문이다. 또한 교수환경이나 방법을 요인 단위로 분석하면 교수과정에 대해 더 많은 정보를 확보할 수 있다.

(4) 개연적 방법의 제안

교수설계이론은 특정한 교수환경에서 성공적인 수업이 될 수 있는 합리적인 방법과 전략을 제시한다는 특징을 갖고 있다. 어떤 상황에서도 항상 우수한 결과를 도출할 수 있는 보편적 교수설계이론은 없다는 것을 강조하기 위한 것이다. 학습내용이나 교수환경에 따라서 교수방법은 달라져야 하며 학습자의 특징을 적절하게 반영할 수 있어야 한다는 의미다.

3) 교수설계의 요인

교수설계를 실시하기 위해서는 교수활동을 전개할 교수 상황을 파악해야 한다. 교수 상황은 수업의 결과에 영향을 미칠 수 있는 조건을 의미한다. 아무리 좋은 교수방법이 있다고 하더라도 적합한 교수 상황을 구성하지 못하면 수업효과를 기대할 수 없다. 따라서 교수 상황의 특징을 정확하게 파악하여 그러한 상황에 적합한 교수방법을 적용하는 것이 바람직하다. 교수설계이론을 구성하기 위한 교수 상황은 교수조건과 평가기준으로 구성된다.

첫째, 교수조건을 고려해야 하는데, 이는 교수설계를 적용하기 위한 영향 요인을 의미한다. 교수조건은 학습수행, 학습자, 학습환경, 제한 요인으로 구성된다. 학습수행은 교수활동을 통해 학습자에게 가르쳐야 하는 학습결과를 의미하는 것으로, 학습내용에 따른 지식 및 기능의 유형을 구분하기 위한 것이다. 학습자는 학습활동을 수행할 주체를 의미하며, 학습자의 사전지식이나 동기 수준 등의 변수를 고려해야 한다. 학습환경은 교수가 실시될 제반 여건을 말한다. 직장에서 실시되는 교수활동과 학교의 교실에서 실시되는 교수활동은 환경이 다르기 때문에 교수설계의 방향도 달라져야 한다. 마지막으로 시간이나 비용과 같은 제한 요인을 고려해야 한다.

- 학습수행: 학습할 내용 및 대상의 특징에 따른 지식이나 기능의 유형
- 학습자: 학습활동을 수행할 사람. 학습자의 사전지식, 학습전략, 동기 수준 등을 고려
- 학습환경: 교수활동이 전개될 환경에 의한 요인
- 제한 요인: 교수개발에 필요한 비용이나 시간적인 제약 사항

둘째, 교수설계에 대한 평가기준이 필요하다. 평가기준은 최종적인 수업목표를 측정하기 위한 지표를 의미하며, 효과성, 효율성, 매력성에 의해 평가된다. 효과성은 수업목표의 달성 정도에 따라서 측정된다. 즉, 효과성이 높았다는 것은 수업목표의 달성 비율이 높았다는 것이다. 효율성은 동일한 효과를 달성하기 위해 투입된 자원의 비율에 따라서 평가된다. 즉, 효율성이 높은

수업이란 동일한 효과를 달성하면서도 시간이나 비용이 적게 투입된 수업을 말한다. 매력성은 학습자가 교수활동을 어느 정도 즐겁게 인식하고 있는지의 문제다. 어떤 수업의 효과를 높이기 위해 매우 강압적으로 수업이 진행된 경우를 고려해 보자. 그런 수업은 효과적인 수업이었다고 하더라도 학습자에게 매력적인 수업으로 인식되지는 않을 것이다.

- 효과성: 수업목표의 달성 정도(예: 10문제 중 8문제를 풀었음)
- 효율성: 시간 및 비용의 투입 정도(예: 한 명의 학생이 교육목표에 도달하게 지도하는데 교사 1인과 조교 2명이 투입되어 지도함)
- 매력성: 학습자가 그 교육 및 수업을 얼마나 좋아하는가 하는 정도(예: 다시 수업을 듣고 싶은 정도)

3. 체제적 접근

1) 체제적 접근의 필요성

교수설계는 일반적으로 '체제적 접근(systematic approach)'을 기초로 하고 있다. 체제적 접근은 공통의 목적을 달성하기 위해서 체제를 이루는 모든 요소가 상호 협력해야 한다는 것을 의미한다. 교수설계에서의 체제적 접근은 교수학습에 영향을 미치는 전체 요소, 혹은 상황의 모든 국면을 동시에 고려하기 위한 것이다. 체제적 접근에 의한 교수설계는 수업을 설계하는 단계가 유기적으로 연결되어 있음을 의미한다. 여기에서는 한 단계의 결과인 산출물이 다음 단계의 투입 자료로 처리되고, 이에 대한 피드백을 통해 각 단계가 수정·보완되는 관계다.

체제란 공통의 목적을 위해 여러 요소가 체계적으로 구성된 조직체로 정의된다(Hoban, 1960). 교수설계의 관점에서 딕, 케리와 케리(Dick, Carey, & Carey, 2011)는 "체제란 정해진 공동의 목적을 달성하기 위해 상호작용하는 구성 요소의 집합체"라고 정의하였다. 카우프만(Kaufman, 1972)은 "체제적 접근이란 요구에 의한 문제 분석을 비롯하여 문제해결을 위한 목표 설정과 대안적인 해결 방안, 그리고 전략의 선정, 실행, 평가, 수정을 거치는 일련의 논리적이고 합리적인 과정"이라고 정의하였다.

교수설계 측면에서 체제적 접근이 효과적인 이유는 다음과 같다(Dick, Carey, & Carey, 2011).

- 학습이 끝났을 때 학습자가 할 수 있는 행동을 명확히 알 수 있다. 만약 학습목표가 명확하지 않다면 수업에 대한 계획 및 실행 단계들이 불분명할 뿐만 아니라 비효과적일 수 있다.
- 교육목표에 가장 적합하고 효과적인 교수전략 또는 학습조건들을 설계할 수 있다. 수업활동은 관련이 별로 없는 다양한 활동으로 구성된 것이 아니라 배워야 할 것에 초점을 맞춘 몇 개의 활동을 중심으로 구성되어 있기 때문이다.
- 과학적인 설계 절차에 따라서 교수가 준비되기 때문에 설계 과정에서 발생할 수 있는 오류를 수정 및 보완할 수 있다. 설계 과정에서 교수의 어느 부분이 효과적으로 작동하지 않는지를 알기 위해 데이터를 수집하고, 그 부분이 제대로 작동할 때까지 수정한다는 점이 체제적 교수설계의 중요한 측면이다.

2) 교수설계모형의 개념과 특징

교수설계모형은 다양한 속성을 갖지만, 대체로 다음과 같은 특징을 갖고 있다.

첫째, 교수설계모형은 교수목표를 구체적으로 제시하여야 한다. 교수목표를 구체적으로 제시한다고 해서 항상 행동적인 용어로 표현되어야 한다는 의미는 아니며, 어떤 사람이 보아도 같은 의미로 해석할 수 있어야 한다는 것을 뜻한다(윤정일 외, 2002). 즉, 교수목표를 구체적으로 제시함으로써 학습자가 성취해야 할 학습목표를 명확하게 알 수 있기 때문이다. 또한 교수자의 입장에서도 어떤 것을 가르쳐야 하는가를 명확하게 알 수 있다.

둘째, 수업목표를 효과적으로 달성하기 위해서는 교수내용을 조직화해야 하며, 이런 행위를 처방적이라고 표현한다. 처방적이라는 것은 목표 달성을 위해 의도적으로 조직화된 일련의 활동을 의미한다. 성취해야 할 목표 달성을 위한 수단에 초점을 두어야 한다는 뜻이다(백영균 외, 2010). 교수설계의 목적은 학습자가 성취해야 할 학습목표에 도달할 수 있도록 만들어 주는 것이다. 따라서 학습자의 학습 성취와 관련 없는 내용들은 교수내용에 포함되지 않아야 한다.

셋째, 교수설계모형은 학습효과를 최대화시킬 수 있는 교수매체와 교수방법을 선택해야 한다. 어떤 상황에서도 항상 효과적인 교수매체나 교수방법은 없으며, 학습자의 특성과 교수 상황에 적합한 교수매체와 교수방법을 선택할 때 학습효과를 높일 수 있다. 즉, 교수매체와 교수방법은 절대적인 효과성을 가졌다기보다 의도하는 목표와 내용에 따라 각기 다른 효과성을 보인다(윤정일 외, 2002).

4. 교수설계모형

1) ADDIE 모형

교수설계모형은 이론적 근거에 따라서 여러 가지 종류가 있으나, 모든 교수설계모형은 기본적으로 분석(Analysis), 설계(Design), 개발(Development), 실행(Implementation), 평가(Evaluation) 요소로 구성되어 있다(Branch, 2018). ADDIE 모형은 교수설계를 위한 가장 일반화된 모형이라고 할 수 있다. ADDIE라는 말은 분석, 설계, 개발, 실행, 평가에 해당되는 영어 단어의 머리글자를 조합하여 만든 것이다. ADDIE 모형의 특징은 〈표 2-2〉와 같다.

표 2-2 ADDIE 모형의 단계별 활동

구분	단계별 활동
분석 (Analysis)	이 단계의 목적은 교수설계를 하기 위한 기초 자료를 수집하여 분석하는 것이다. 이 단계에서는 누구에게 무엇을 어떤 환경에서 가르쳐야 하는가를 파악해야 한다.
설계 (Design)	구체적인 교수학습목표 및 내용을 선정하고, 이것을 달성하기 위한 최적의 교수학습 방법 및 전략을 선택하게 된다. 또한 학습결과를 측정하기 위한 평가도구도 설계되어야 한다.
개발 (Development)	분석 및 설계를 토대로 하여 실제 교수학습 상황에서 사용될 자료를 개발하게 된다. 교수설계 과정에 대한 형성평가를 실시하여 효과적·효율적·매력적 교수설계가 구성되었는가를 점검해야 한다.
실행 (Implementation)	개발된 교수설계 과정을 실제 적용하여 운용하는 단계로서 교수자료 및 전략의 설치, 사용, 유지, 관리 등의 활동이 포함된다.
평가 (Evaluation)	교수설계의 마지막 단계는 전체적인 교수활동에 대한 성과를 평가하는 것이다. 이 단계의 평가를 거쳐서 교수학습활동이 최종적으로 완성된다. 효과성, 효율성, 매력성 등 다각적으로 평가한다.

(1) 분석

분석은 학습과 관련된 요인들을 분석하는 단계로, 교수설계에 필요한 기초 자료를 수집하는 과정이다. 학습내용, 학습자, 학습환경 등에 대한 내용을 포함하고 있어야 한다. 분석에는 요구 분석, 학습자 분석, 환경 분석, 직무 및 과제 분석이 포함된다.

(2) 설계

설계는 분석 과정에서 도출된 결과를 종합해서 효과적인 목표 달성이 가능하도록 구상하는 단계다. 교육과 훈련의 구체적인 명세서와 같다. 수행목표(학습목표)를 명세화하고, 평가도구를 설계하며, 프로그램의 구조화와 계열화를 완성하고, 교수전략을 수립한다.

(3) 개발

개발은 설계 단계에서 결정된 설계 명세서에 따라 실제 수업에서 사용할 교수자료나 교수 프로그램을 제작하는 단계다. 이 단계에서는 먼저 교수자료나 교수 프로그램의 초안을 개발하여 교과 전문가와 학습자를 대상으로 형성평가를 실시하여 평가한 후, 고쳐야 할 부분을 찾아 수정하여 수업현장에서 활용될 최종적인 산출물을 개발하는 과정을 포함한다.

(4) 실행

실행은 개발 단계에서 완성된 최종 산출물인 교수자료나 교육훈련 프로그램을 실제 현장에서 적용하는 것이다. 이 단계에서는 개발된 교수자료나 프로그램이 교육과정 속에 설치되어 계속적으로 유지될 수 있도록 관리하는 활동이 필요하다. 또한 원활하게 실행될 수 있도록 시설, 기자재, 예산, 인적 자원 등 필요한 지원 체제도 포함한다.

(5) 평가

평가단계에서는 총괄평가를 실시하는데, 이것은 실제 수업현장에 투입되
어 실행된 교수자료나 교육훈련 프로그램의 효과성, 효율성, 매력성을 평가
하는 것이다. 총괄평가를 통하여 해당 자료나 프로그램의 문제점을 파악하
고, 사용 지속 여부와 수정 사항 등을 결정한다. 평가 결과를 바탕으로 교수
체제를 수정하는 절차가 순환된다. [그림 2-1]은 ADDIE 모형의 각 단계별
특징을 포괄적으로 제시한 것이다(Branch, 2017, p. 24).

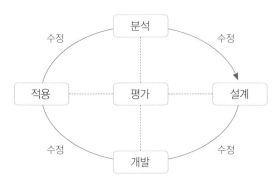

[그림 2-1] ADDIE 모형의 구성요소

2) 체제적 교수설계모형

딕과 케리의 체제적 교수설계모형은 체제적 접근에 입각한 절차적 모형
으로, 효과적인 교수 프로그램을 개발하는 데 필요한 일련의 단계들과 그 단
계 간의 역동적인 관련성에 초점을 맞추고 있다(박성익, 임철일, 이재경, 최정
임, 2011). 딕과 케리의 모형은 [그림 2-2]와 같이 10단계로 구성되어 있다
(Brown & Green, 2020). 이 모형은 기본적으로 인쇄물 형태의 학습자용 프로
그램을 개발하는 단계와 절차를 제시한 것이지만, 다양한 형태의 교육과정이
나 교수자료를 개발하는 데에도 활용되고 있다. 이 모형은 교수자가 쉽게 적

용할 수 있도록 순차적으로 설계 단계를 설명하고 있다. [그림 2-2]에서 볼 수 있듯이, 교수설계 단계들은 서로 밀접하게 관련되어 있으며 서로 영향을 미치는 관계다.

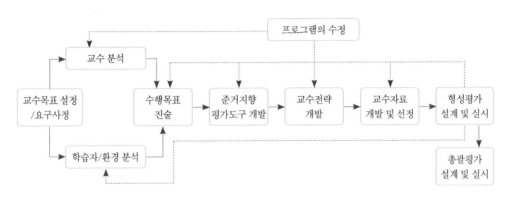

[그림 2-2] 체제적 교수설계 모형

출처: Dick, Carey, & Carey (2011).

(1) 교수목표의 설정 및 요구사정

교수목표는 수업을 마친 후에 학습자가 획득하게 될 구체적인 행동이다. 교수목표는 요구 분석을 통해 도출된다. 요구 분석은 차이 분석(gap analysis)이라고도 불리는데, 현재 상태와 기대되는 상태의 차이를 의미한다. 최종 목적을 설정하는 단계로, 학습자가 학습을 모두 완료했을 때 학습자가 할 수 있기를 바라는 것이 무엇인지를 파악하는 단계다. 최종 교수목표는 학습자의 요구 분석이나 교육과정 분석을 통해 파악되고 설정된다.

(2) 교수 분석

교수 분석 단계에서는 설정된 교수목표의 유형과 그 목표들의 하위 기능을 분석한다. 학습할 내용(학습과제)에 대한 하위 기능 분석은 위계적 분석, 절차적 분석, 군집 분석, 통합적 분석 등의 기법이 활용된다. 일단 교수목표가 설정되면 학습자가 목표에 도달하기 위해 단계별로 어떻게 수행할 것인가를 결정해야 한다. 최종 학습목표를 성취하기 위해 학습자가 배워야 할 학습의 유형을 결정해야 한다. 또한 학습의 유형에 따라 학습과제를 학습하기 위해 필요한 하위 기능과 학습절차를 분석한다.

(3) 학습자 분석 및 환경 분석

이 단계는 교수목표의 달성을 위해 학습에 투입되는 학습자의 특징을 이해하기 위한 것이다. 학습자의 특성을 미리 분석함으로써 효과적인 교수전략을 설계할 수 있다. 이 단계에서는 학습자의 특성과 학습자의 상황, 학습자가 학습한 것을 활용하게 될 맥락을 분석한다. 본시 수업을 시작하기 위해 학습자가 반드시 사전에 갖추고 있어야 할 선수지식(=출발점 행동)과 교수활동을 설계하는 데 중요하게 고려해야 할 학습자의 특성을 규명하는 단계다.

(4) 수행목표 진술

수행목표 진술은 최종적으로 학습자가 어떤 학습 성취를 달성해야 하는지를 진술하는 단계다. 여기서 말하는 수행목표(performance objectives)는 우리가 흔히 알고 있는 학습목표나 수업목표를 의미한다. 학습이 완료되었을 때 학습자가 할 수 있으리라고 기대되는 것을 구체적으로 진술하는 것이다. 학습과제 분석의 결과와 학습자 특성 분석의 결과에 기초하여 성취해야 할 수행목표를 구체적으로 진술한다.

(5) 준거지향 평가도구 개발

이 단계는 수업을 마친 다음에 학습자가 실제로 어느 정도까지 수행목표를 달성했는지 측정하기 위한 것이다. 이러한 평가문항을 개발하기 위해서는 어떤 수행목표가 제시되었는지를 확인해야 한다. 이를 위해서는 수행목표에서 가르치고자 했던 기능들을 학습자가 성취했는가를 알아볼 수 있는 검사 문항을 개발하는 것이 필요하다. 수행목표(학습목표)의 진술 바로 다음 단계에 실시되어, 수행목표에 대응하는 평가문항을 개발함으로써 학습자의 성취 수준 또는 학습결과를 측정할 수 있도록 하는 것이 중요하다.

(6) 교수전략 개발

교수전략은 학습자가 평가문항에 대해 적절하게 응답할 수 있도록 만들기 위한 것이다. 교수전략에는 동기유발, 목표 제시, 출발점 행동의 확인 등과 같은 구체적인 수업방법이 포함된다. 즉, 교수 프로그램의 최종 목표를 성취하기 위해 이용하고자 하는 전략을 설정하는 것이다. 수업을 전개할 방법과 절차를 개발하고 교수매체의 활용에 대한 계획을 세우는 단계다.

(7) 교수자료 개발 및 선정

이 단계는 앞 단계에서 개발한 교수전략에 따라서 교수 프로그램을 실제로 만드는 단계다. 교수전략에 따라 수업활동에 활용될 모든 자료를 말하며, 교사 안내서와 기타 필요한 수업 자료 등이 있다. 교수매체는 학습목표, 학습내용, 학습자의 특성을 고려하여 선정 또는 개발하고, 새로운 자료의 개발 여부는 목표별 학습 유형, 기존의 관련 자료의 이용 가능성 등에 따라 결정된다.

(8) 형성평가 설계 및 실시

형성평가의 목적은 개발된 교수 프로그램의 수정 · 보완에 있다. 형성평가는 교수 프로그램의 초안이 완성되면 프로그램의 품질을 개선하는 데 필요한 자료를 수집하는 평가를 말한다. 일대일 평가(one-to-one evaluation), 소집단 평가(small-group evaluation), 현장평가(field testing) 등을 통하여 평가할 수 있다.

(9) 프로그램의 수정

이 단계에서는 형성평가의 결과를 바탕으로 교수 프로그램이 가지고 있는 문제점을 수정·보완한다. 예를 들면, 학습목표를 달성하는 데에서 학습자가 곤란을 겪은 점을 확인하여 수업의 잘못된 곳을 수정하고, 이 평가 결과를 바탕으로 학습과제 분석의 타당성과 학습자의 출발점 행동 및 학습자 특성에 대한 가정을 재검토한다. 또한 학습목표가 적절히 진술되고 평가문항이 타당하게 개발되었는지, 교수전략이 효과적이었는지를 통합적으로 검토하고 수정함으로써 더욱 효과적인 수업 프로그램을 이룬다.

(10) 총괄평가 설계 및 실시

총괄평가는 개발된 교수 프로그램의 효과를 검증하는 것이 목적이다. 교수 프로그램의 절대적 혹은 상대적 가치를 평가하기 위한 것이며, 충분한 수정이 이루어진 후에 실시한다. 총괄평가는 보통 교수설계자와 그 팀 구성원 이외의 외부 평가자에 의해 실시된다.

3) ADDIE 모형과 체제적 교수설계 모형의 비교

[그림 2-3]은 ADDIE 모형과 딕과 케리의 체제적 교수설계 모형을 비교한 것으로 그림에 나타나 있듯이 두 모형은 매우 유사한 단계로 구성되어 있다. ADDIE 모형의 분석은 딕과 케리 모형에서 교수목표 설정, 교수 분석, 학습자/환경 분석과 동일한 기능을 한다. ADDIE 모형의 설계 단계는 수행목표 진술, 준거지향 평가도구의 개발, 교수전략 개발과 동일한 기능을 한다. 또한 개발 단계는 교수자료 개발 및 선정, 형성평가 설계 및 실시와 동일한 역할을 한다. 마지막으로 평가는 프로그램 전체에 대한 평가이기 때문에 총괄평가 설계 및 실시에 해당된다.

그러나 ADDIE 모형의 실행 단계는 딕과 케리 모형에는 구현되어 있지 않은데, 이는 딕과 케리 모형은 교수 프로그램을 개발하기 위한 것이기 때문에 적용에 대한 부분이 포함되어 있지 않은 것이다. ADDIE 모형이 분석 → 설계

→개발→실행→평가와 같이 전체 과정을 포괄하고 있는 것과는 다른 특징
이라고 할 수 있다.

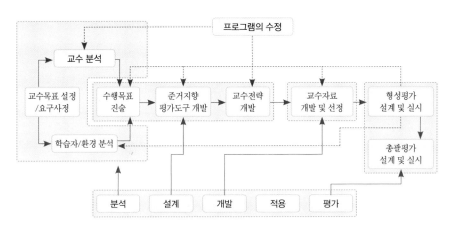

[그림 2-3] ADDIE 모형과 체제적 교수설계 모형의 비교

제3장

수업의 구성과 절차

● ● ● 이 장에서는 수업 구성과 절차에 대한 가네의 이론을 중점적으로 살펴본다. 가네는 효과적인 교수를 위한 학습조건을 제시하고, 수업과정을 이해하기 위한 체계적인 이론적 토대를 마련하였다. 1절에서는 학습결과의 유형을 구체적인 교수목표와 함께 살펴본다. 교수목표가 성취되었을 때 나타나는 학습결과의 유형을 분류하고, 각 유형에 따라 수업을 구성하는 방법에 대해 설명한다. 2절에서는 학습내용을 체계적으로 이해하기 위한 분석방법을 제시하고 있다. 교수목표의 위계적 분류에 대한 내용을 알아볼 것이다. 3절에서는 실제 수업을 조직할 때 필요한 원리들을 중심으로 설명한다. 여기서는 학습내용을 정교화시키기 위한 전략에 대해서 상세하게 다룬다. 4절에서는 학습자가 학습하는 동안 겪는 내적 인지과정과 학습을 성공적으로 수행하기 위해 필요한 외적 교수조건을 고려한 수업의 전개 과정을 살펴본다. 또한 학습 촉진을 위한 아홉 가지 구성 절차에 대해서도 설명한다.

분류체계는 학습활동의 위계적 관계를 보여 주고 있다. 즉, 단순하고 간단한 내용을 먼저 학습하고, 그것을 바탕으로 복잡하고 어려운 내용으로 확장해야 한다는 것이다.

3) 인지전략

인지전략(cognitive strategies)은 개인의 학습, 기억 및 사고행동을 조정하고 점검하는 기능을 의미한다. 즉, 학습자의 내재적 정보처리 과정을 조정하고 통제하는 기능이다. 내재적 정보처리 과정은 주의집중과 선택적 지각 과정, 입력된 정보를 장기기억에 저장하기 위해 들어온 정보를 부호화하는 과정, 재생 과정, 문제해결 과정을 지칭한다. 학습자가 어떤 내용을 학습하기 위해서는 이러한 내재적 정보처리 과정을 수행해야 하는데, 이러한 과정을 효과적으로 관리하기 위한 능력이 필요하다. 따라서 인지전략이란 학습자들이 이전에 경험하지 않았던 문제 상황에서 자신이 가지고 있는 지식과 기능을 사용하는 방법이다.

4) 태도

태도(attitude)는 개인이 여러 종류의 활동 가운데 특정한 것을 선택하는 일관된 행동 반응을 의미한다. 즉, 학습자가 찬성하거나 반대하는 등의 행위를 선택하도록 하는 내적 상태를 말한다. 예를 들면, 특정 장르의 영화를 선호하는 것이 태도다. 태도는 연습이나 유의미한 언어적 설명에 의해 학습되는 것이 아니라 개인적인 선호 등에 의해서 결정된다.

5) 운동기능

운동기능(motor skills)은 근육활동을 통해 습득된 기능을 지칭하며, 네모 그리기, 자전거 타기 등과 같이 비교적 단순한 것에서 피아노 연주와 같이 복잡한 수준으로 구성되기도 한다. 단순한 운동기능이 합쳐져서 복잡한 운동기능으로 발달하며, 이와 같이 전체적인 운동기능을 완성하기 위해서는 세부적인 운동기능을 통합시키는 숙달이 필요하다. 운동기능을 숙달하기 위해서는 반복적 연습이 필요하며, 장기간의 연습이 필요한 경우도 있다.

〈표 3-1〉은 다섯 가지 학습결과의 유형과 그 특징을 요약한 것이다. 학습된 능력은 각 학습 영역에서 성취해야 할 학습결과의 속성을 설명한 것이다. 그리고 성취행동은 학습된 능력에 도달하면 실제 수행할 수 있는 행동을 서술한 것이다. 따라서 학습된 능력은 수업을 통해서 배워야 하는 학습목표의 속성이라고 할 수 있다. 그리고 성취행동은 학습한 능력을 실제 상황에서 사

표 3-1 학습결과의 유형과 특징

학습영역	학습된 능력	성취행동의 예시
언어정보	저장된 정보의 재생(사실, 명칭, 지식)	어떤 식으로 정보를 기억하여 진술하기
지적 기능	개인이 환경을 개념화하는 데 반응하도록 하는 정신적 조작(개념, 원리, 문제해결)	공식을 적용해서 면적을 계산하기
인지전략	학습자의 사고와 학습을 지배하는 통제 과정	기억, 사고, 학습을 효율적으로 관리하는 것
운동기능	일련의 신체적 움직임을 수행하기 위한 능력 및 실행계획	신체적 계열이나 행위 시범 보이기
태도	어떤 사람, 대상, 사건에 관해 긍정적이거나 부정적인 행위를 하려는 경향	어떤 대상, 사건, 사람에 대하여 가까이하거나 멀리하려는 개인적 행위의 선택

용해 보는 것이다. 언어정보를 학습했다면, 학습한 정보의 진술이나 전달을
할 수 있어야 한다. 지적 기능이 완성되었는지를 확인하기 위해서는 공식을
적용한 문제 풀기와 같이 제공된 개념의 상징적인 조작활동이 중요하다. 인
지전략에서는 전반적인 학습활동을 조정하고 점검하는 과정이 수반되어야
한다. 운동기능에서는 신체움직임의 순서를 그대로 따라할 수 있어야 한다.
체육활동뿐만 아니라 도형 그리기, 정확한 발음을 위한 입 모양 등도 운동기
능에 해당된다. 태도는 어떤 상황에서의 의사결정 등의 선택과정을 의미하
며, 일관된 행동 선택을 할 수 있어야 한다.

2. 학습위계의 분석

가네가 제시한 다섯 가지 학습 유형 중에서 지적 기능은 학교학습에서 중
요한 역할을 담당하고 있다. 그런데 지적 기능은 위계적인 속성을 갖고 있기
때문에 이러한 위계를 무시하고 아무런 순서 없이 학습자에게 제시된다면 학
습자는 학습내용을 이해하는 데 많은 어려움을 겪을 것이다. 따라서 교수자
는 지적 기능 영역의 학습내용을 학습의 위계에 따라 내용을 분석하여 순서
에 맞게 학습자에게 제시할 필요가 있다.

1) 학습위계 분석 절차

학습위계에 따른 분석을 하기 위해서는 우선 학습목표가 위계 분석에 적
합한 영역인지를 판단해야 한다. 주로 지적 기능 영역의 학습목표일 경우 위
계적 분석을 하게 된다. 그런 다음으로 그 목표를 수행하는 데 요구되는 주
된 단계를 찾아내고 계열화한다. 따라서 목표 분석을 하는 최선의 기법은 학
습자가 목표를 수행하게 되었을 때, 정확하게 무엇을 할 수 있게 될 것인가를

단계별로 기술하는 것이다(Dick, Carey, & Carey, 2011).

2) 하위 기능 분석의 방법

반드시 필요한 하위 기능이 교수 프로그램에 빠져 있어서 학습할 기회가
주어지지 않고, 대다수의 학생이 그 기능을 가지고 있지 않다면 그 교수 프로
그램은 효과적일 수 없다. 반면, 불필요한 기능들까지 포함되어 있다면 그 교
수 프로그램으로 학습하는 데 필요한 시간보다 더 많은 시간을 허비하게 될
것이며, 오히려 꼭 필요한 기능의 학습을 방해할 것이다. 따라서 단계별로 목
표에 포함된 하위 기능들을 정확하게 규명하는 것이 하위 기능 분석의 목적
이다.

(1) 위계 분석
위계 분석(hierarchical analysis)은 주로 지적 기능이나 운동기능에 속하는

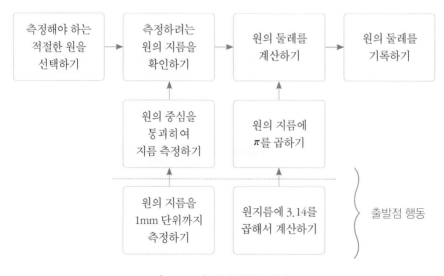

[그림 3-1] 위계 분석의 예시

목표의 분석을 위해 사용된다. 이 방법을 적용하려면, 학습과제를 완료하기 위해 필수적인 학습내용이 무엇인지 파악하고 있어야 한다. '최소한의 학습으로 이 과제를 수행하기 위해서 학습자들이 미리 알고 있어야 할 것은 무엇인가? 만일 그것을 알고 있지 못하다면 이 하위 기능을 학습하기가 불가능한 것인지를 판단해야 한다. 거기서 발견된 하위 기능들을 가지고 같은 질문을 반복하여 최하위의 과제에 이르기까지 분석을 한다.

[그림 3-1]은 위계 분석의 예를 보여 주고 있는데, 원의 둘레를 측정하는 수학 과제를 수행하는 과정에 대한 위계적인 관계를 분석한 것이다. 원의 둘레를 계산하기 위해서는 원의 지름을 측정해야 한다. 원의 지름을 측정했다면 π값을 적용해서 곱셈을 해야 한다. 이 그림의 점선 아래에 위치한 기능은 출발점 행동을 의미한다. 출발점 행동은 학습목표에 도달하기 위해 학습자가 반드시 갖추고 있어야 할 사전지식이다. 원의 지름을 1mm 단위까지 측정하는 방법이나 원주율 3.14에 대한 사전지식을 갖고 있지 않다면, 학습자는 이 학습을 통해 원의 둘레를 측정하는 방법을 학습할 수 없다. 이러한 관계를 표현한 것이 위계적 분석이다.

(2) 절차 분석

절차 분석(procedural analysis)은 특정 활동을 하기 위해 순차적으로 적용되는 지식의 단계를 의미한다. 지적 기능이나 운동기능을 위한 목표 분석에서 주로 사용된다. 절차 분석을 실시한 경우에는 수행의 순서에 따라서 나열하게 된다. 예를 들어, 휴대전화로 문자를 보낼 때, 제일 처음 전원을 켜는 것에서부터 시작하여 마지막에 전송 버튼을 누르기까지 많은 단계를 포함하며, 어떤 단계들은 지적 기능이나 언어정보를 하위 단계에 포함한다. [그림 3-2]는 절차 분석의 예를 보여 주고 있는데, 전원을 켜서, 문자 보내기 기능을 선택하여, 연락처 정보를 찾는 등의 과정은 모두 순차적으로 진행되어야 하는 절차적 분석의 과정을 표현한 것이다.

[그림 3-2] 절차 분석의 예시

(3) 군집 분석

군집 분석(cluster analysis)은 주로 언어정보에 대한 목표 분석에서 적용되는데, 특정한 위계적 관계나 절차적 과정이 적용되지 않는 분석 방법이다. 군집 분석은 유사한 속성을 갖고 있는 것끼리 묶어 주는 방법으로 분석을 실시한다. [그림 3-3]은 운동 종목을 구분할 때 공을 사용하는 종목과 그렇지 않은 종목을 구분하는 것으로 군집 분석을 적용한 것이다. 언어정보의 목표를 분석하는 것은 그 목표에 어떤 논리적 절차를 가지고 있지 않기 때문에 절차적 과정이나 위계적 관계를 적용하지 않는다. 단지 유사한 속성으로 묶어 주는 방법을 적용한다.

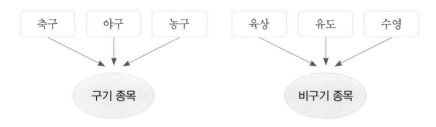

[그림 3-3] 군집 분석의 예

3. 학습내용의 조직

교수자가 학습자에게 내용을 제시할 때는 무엇을 먼저 제시해야 하는지, 어떠한 순서를 따라야 하는지, 한 번에 제시되는 학습내용의 분량은 어느 정도가 적당한지를 고려해야 한다. 이런 것들은 학습내용의 조직화 및 계열화의 문제다. 이와 같이 학습내용의 조직화에 초점을 두고 있는 이론을 레이게루스(Reigeluth)가 제시한 정교화 이론(elaboration theory)이라고 한다. 정교화 이론에서는 학습내용에 대한 전체적인 구조와 미시적인 위계관계를 비교함으로써 학습내용을 보다 쉽게 이해할 수 있도록 만들어 준다. 가네의 이론은 주로 위계적 계열화에 의해 학습내용을 이해하는 방식을 적용한 것이다. 반면에 레이게루스의 정교화 이론은 학습해야 할 핵심 내용과 그것의 관계를 이해하도록 도와준다는 특징을 갖고 있다.

1) 조직화를 위한 고려요인

수업을 구성하기 위해서는 학습내용들을 단위 묶음으로 만들고 이들을 일정한 구조로 조직화해야 한다. 학습내용을 조직화하기 위해서는 단위학습내용의 크기, 구성 요소, 구성 요소의 순서, 단위학습내용의 순서를 고려해야 한다. 단위학습내용의 크기는 가르칠 내용의 범위를 의미하는데, 범위를 넓게 잡을 것인지 좁게 잡을 것인지를 결정해야 한다. 일반적으로 학교학습 상황에서 단위학습 범위는 교육과정 구성에 의해서 결정된다. 일차적으로 단위학습내용이 결정되었다면, 그 내용을 구성하는 하위 요소를 고려해야 한다. 수업을 위해서 이런 요소들이 어떤 순서로 구성되어야 하는지 결정해야 한다. 끝으로 이런 단위학습내용을 적절한 순서로 구성해야 한다.

2) 주제별 계열화와 나선형 계열화

단위학습 묶음은 일정한 순서에 의해서 배열되어야 하는데, 이것을 계열화라고 한다. 계열화는 "주어진 교육과정에 의해 가르쳐야 할 내용을 골라 묶음으로 만들고, 이들을 가르치는 순서를 결정하는 것"(Reigeluth, 2009)을 말한다. 계열화의 방법은 크게 주제별 계열화와 나선형 계열화로 나누어 볼 수 있다(Reigeluth, 1999). 일반적인 교과서에서 많이 볼 수 있는 방법인 주제별 계열화는 한 가지의 주제를 완전히 학습하고 난 후에 다른 주제를 학습하는 방법을 의미한다. 반면, 나선형 계열화는 여러 개의 주제를 단순화된 수준에서 학습한 후, 점진적으로 심화하면서 학습해 나가는 방법을 의미한다. 주제별 계열화는 한 가지의 주제를 깊이 있게 학습할 수 있다는 장점이 있으나 다음 주제로 넘어가면 앞의 주제를 쉽게 잊어버릴 수 있다. 나선형 계열화는 여러 가지 주제 간의 상호관계를 이해하고 종합하며 학습할 수 있다는 장점이 있으나, 한 주제에 대한 심화학습이 어려울 수 있고 학습자료의 준비와 활용에 어려움이 있을 수 있다(변영계, 김영환, 손미, 2007).

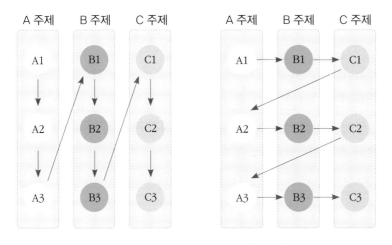

[그림 3-4] 주제별 계열화(좌)와 나선형 계열화(우)

[그림 3-4]는 주제별 계열화와 나선형 계열화를 보여 주고 있다. [그림 3-4]에 제시된 바와 같이, 주제별 계열화는 개별 주제를 단위로 위계적 학습이 진행된다. 즉, 학습과제를 구성하는 구성 요소의 위계적 계열화 모형에서 주제와 관련된 요소를 완전히 학습한 후 다음 주제로 진행하는 방법이다. 그렇지만 나선형 계열화는 주제를 포괄하는 방식으로 학습을 진행하는 것이다. 즉, 학습과제를 구성하는 구성 요소 간의 전체적 조직 구조상에서 보다 단순한 상위 구조에서 복잡한 하위 구조의 순으로 계열화하는 방법이다.

3) 정교화의 원리

레이게루스는 수업내용을 조직하기 위한 전략으로 미시전략의 중요성을 강조하였다. 조직전략 중 미시전략은 단일한 아이디어(개념, 절차, 원리)에 관한 수업을 조직하는 기본적인 방법이다. 거시전략은 학습 주제를 어떤 순서로 조직화할지를 결정하기 위한 것이다.

정교화 이론의 핵심적인 아이디어는 정수(epitome)를 확인하는 과정과 이후 정교화 과정에 있다. 정수는 가장 단순하면서도 전체 과제에 대한 대표성이 높은 과제로서 정교화 이론에서 가장 중요한 개념이다(Reigeluth, 2009). 예를 들면, 교수이론을 설명할 때 정수가 될 수 있는 어떤 원리를 선택하고 이를 단순화시켜서 소개할 수 있다. 그런 다음에 그 원리를 점점 복잡한 조건으로 분화시켜 나갈 수 있다. 이와 같이 학습내용의 정수를 선택한 뒤 다음 단계로 어떤 내용을 어떻게 가르칠 것인가를 안내하는 방법으로 레이게루스는 단순화 조건법(Simplifying Conditions Method: SCM)을 제안하였다. 단순화 조건법은 주어진 과제를 단순화시키는 조건들을 찾아내면서 과제를 분석하고 또한 그 조건을 활용하면서 정교화된 계열화를 이루는 방법이다. 즉, 가장 단순한 버전에서 시작하여 점진적으로 더 복잡한 버전을 가르칠 수 있도록 순서를 정하게 된다.

일반적으로 계열화를 구성하기 위한 기본 원리는, ① 단순 → 복잡, ② 쉬운 내용 → 어려운 내용, ③ 구체적인 것 → 추상적인 것, ④ 대표성이 높은 것 → 특수한 내용 등으로 전환하는 것이다. 따라서 교수학습 상황에서 낮은 수준의 기능에서 시작하여 높은 수준의 기능으로 학습내용을 제시하는 것이 바람직하다. 또한 위계가 있는 내용일 때는 하위 단계에서 시작하여 상위 과정으로 진행하며, 절차적인 과제로 분석된 내용일 때는 먼저 수행해야 하는 과제에서 시작하여 순서에 맞게 학습할 수 있도록 제시한다. 학습 분량을 결정할 때는 학습자의 연령 수준이나 자료의 복잡성의 정도, 학습 장소의 형태, 활동의 다양성 여부에 따른 과제의 주의집중 정도, 제시되는 각 내용 군집을 위한 교수전략에서 모든 활동을 다루는 데 필요한 시간 등을 고려하여 적절하게 학습내용을 제시하여야 한다.

4) 학습목표의 구성

수업을 통해서 달성해야 하는 학습목표는 학습결과의 위계적인 순서를 고려해서 제시되어야 한다. 이런 것을 학습목표의 위계적인 구조라고 하는데, 낮은 수준의 지식을 먼저 학습한 다음에 고차적인 내용을 학습해야 한다는 의미다. 학습목표를 위계적으로 구조화해야 한다는 생각은 블룸(Bloom, 1956)에 의해서 제시되었다. 인지적으로 가장 낮은 수준의 학습목표에서 시작해서 고차적인 수준으로 인지활동의 위계적인 순서에 따라서 학습결과를 확장하는 것이다. 거의 반세기 동안 블룸의 분류체계가 활용되다가 2001년에 앤더슨과 크라스울(Anderson & Krathwohl, 2001)에 의해 개정된 학습목표 분류체계가 제시되었다. [그림 3-5]는 개정된 학습목표 위계구조를 정리한 것이다. 초기에 블룸이 제시했던 학습목표 위계구조와 개정된 위계구조에는 대체로 비슷하며, 인지과정차원에서 기존에 있던 종합을 삭제하고 창조를 새롭게 추가했다.

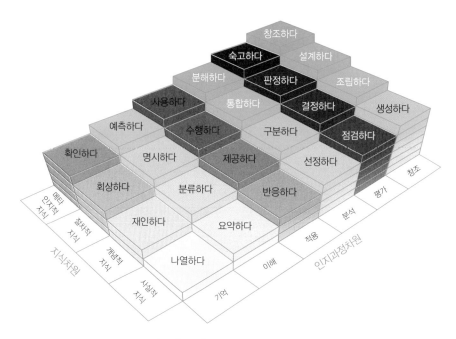

[그림 3-5] 학습목표의 위계구조

　　[그림 3-5]의 오른쪽 면은 인지과정을 6개의 위계적인 수준으로 구분한
것이다. 기억 → 이해 → 적용 → 분석 → 평가 → 창조와 같은 위계적인 순
서로 정리되어 있다. 인지과정차원은 학습한 내용을 인지적으로 처리방법
에 따라서 구분한 것이다. 일반적으로 간단한 것에서 복잡한 것으로 구성되
거나 구체적인 것에서 추상적인 내용으로 전개되는 순서로 구조화된 것이다
(Krathwohl, 2002). 기억은 가장 낮은 수준의 인지과정으로 장기기억에서 관
련된 지식을 인출하는 인지활동을 의미한다. 이해는 기억을 통해서 인출된
지식을 바탕으로 자료를 통해서 어떤 의미를 구성하는 단계다. 적용은 제시
된 상황에 적절하도록 절차를 수행하는 인지활동을 의미한다. 분석은 어떤
내용을 하위 구성요인으로 분해하고 서로의 관계를 설명할 수 있는 수준의
인지활동이다. 평가는 주어진 상황이나 정보에 대해서 어떤 기준이나 표준
을 적용해서 최종적인 상태를 판단할 수 있는 인지활동을 의미한다. 창조는

가장 높은 수준의 인지활동으로 새로운 형태의 지식을 생성하거나 재구조화할 수 있는 인지활동을 말한다.

한편, [그림 3-5]의 왼쪽 면은 인지과정에서 다루게 되는 지식의 속성을 구분한 것이다. 여기에서도 네 가지 수준의 위계적인 관계를 설명할 수 있다. 사실적 지식은 특정 정보에 기반해서 기본요소가 되는 지식을 의미한다. 개념적 지식은 기본적인 지식요소의 연결시켜서 새로운 의미를 구성하는 지식이다. 절차적 지식은 어떤 과제를 수행하기 위해서 따라야 하는 절차나 기준에 대한 지식이다. 메타인지 지식은 학습자 스스로 자신의 인지상태를 파악하고 관리할 수 있는 지식을 의미한다.

[그림 3-5]의 중앙에 배치된 격자들은 인지과정차원×지식차원의 위계적인 구조를 고려한 학습활동을 의미한다. 위계적으로 낮은 수준의 인지과정이나 지식을 학습하지 못했다면 상위 수준의 학습활동을 수행하는 것이 매우 어렵거나 불가능하다. [그림 3-5]에 제시된 학습동사들은 인지과정과 지식을 고려하여 어떤 학습활동을 위한 것인지 해석할 수 있다. 즉, 가장 낮은 수준의 "나열하다"는 어떤 사실적인 지식을 장기기억에 인출하는 학습목표를 나타내기 위한 것이다. "수행하다"는 절차적인 관계나 순서를 고려해서 적용해야 하는 학습목표를 의미하는 것이다. [그림 3-5]에 제시된 학습동사들은 인지적인 수행 수준과 내용적인 지식을 고려해서 적용해야 하며, 학습목표를 구성할 때는 이러한 위계적인 순서를 고려해야 한다.

4. 수업사태의 구성

가네는 수업을 효과적으로 전개하기 위한 수업모형을 제시하였다(Gagné, 1985). 그는 이 모형에서 학습자가 유의미한 학습내용을 구성하는 동안에 겪는 내적 인지과정과 학습을 성공적으로 수행하는 데 요구되는 외적 조건을 제시하였다. 내적 인지과정은 학습자가 학습내용을 이해하기 위해서 겪게 되는 심리적 과정이다. 이러한 인지과정을 촉진시키기 위해서는 내적 과정에 적절한 수준의 외적 조건이 형성되어야 한다. 외적 조건은 학습활동(학습자의 내적 조건)에 적합한 수업활동을 의미한다. 따라서 학습 영역(언어정보, 지적 기능, 인지전략, 운동기능, 태도)에 따라 학습의 내적 조건이 달라진다. 학습자의 내적 조건이 달라지기 때문에 학습과정을 도와주기 위한 학습의 외적 조건도 달라진다. 결국 수업을 준비하는 것은 학습자의 내적 과정을 분석해서, 촉진시키기 위해 외적 조건을 준비하는 과정이라고 할 수 있다.

1) 수업구성의 원리

효과적인 학습이 일어나려면 학습자의 내적 과정과 그러한 내적 조건을 촉진시키기 위한 외적 조건이 서로 충족되어야 한다. 학습내용을 조직화하기 위해서는 관련된 선행지식을 상기시키거나 이해하기 위한 인지적 노력이 필요하다. 또한 이러한 인지적 노력이 활발히 일어날 수 있도록 만들어 주는 학습환경이 구성되어야 한다. 이러한 학습의 과정이 제대로 일어나려면, 우선 학습자 자신이 갖는 내적 조건이 마련되어야 하고, 다음으로는 교수자가 마련해 주는 외적 조건이 알맞게 제공되어야 한다.

가네는 이와 같은 효과적 수업을 유도하기 위한 수업의 9사태(nine events of instruction)를 제시하였다. 이 아홉 가지 수업사태는 학습준비, 획득과 수행, 학습의 전이의 세 가지 단계로 구분된다.

- 학습준비: 학습활동에 대한 참여 유도
- 획득과 수행: 새로운 능력을 획득하고 실행
- 학습의 전이: 획득한 기능을 응용하는 능력

가네의 주된 수업원리는 학습결과에 따라서 수업방식이 달라져야 한다는 것이다. 즉, 그가 제시한 다섯 가지 학습 영역에 따라 수업 방식이 다양화되어야 함을 말한다. 예를 들어, 지적 기능을 가르치는 방법과 태도 및 운동기능을 가르치는 수업방식은 달라야 한다는 것이다. 학교 학습과제를 분석하여 얻은 구체적 수업목표가 있을 때, 수업목표가 다섯 영역 중 어느 것에 해당하는가에 따라 다른 수업 방식을 적용해야 한다는 것이다. 수업의 기능은 학습과 관련된 학습자의 내적 과정을 도와주는 외적 조건을 만들어 주는 것이다.

2) 수업사태의 구성

수업사태는 특정 목표를 갖고 구성된 구체적인 학습지원 활동이다. 가네가 말한 아홉 가지 수업사태를 학습준비, 획득과 수행, 학습전이로 구분해서 알아보자.

(1) 학습준비

학습의 9단계는 학습자에게서 내적으로 학습이 일어나는 과정을 말하는데, 이러한 학습이 일어나도록 하는 데 필요한 외적 조건을 제공해 주는 아홉 가지의 수업사태(instructional event)가 필요하다. 〈표 3-2〉는 수업 사태가 일반적으로 발생하는 순서에 따라 나열한 것이다. 그렇지만 실제 수업이 운영될 때 〈표 3-2〉에 제시된 수업사태가 항상 이러한 순서대로 일어나는 것은 아니며, 세부적인 학습목표에 따라서 순환 반복되기도 한다. 가네는 수업이란 복잡하고도 특수한 사태의 여러 가지 제약을 받기 때문에 수업 운영을 할때 교사는 매 순간마다 적절한 결정을 내릴 수 있어야 한다고 했다. 학습자의 학습 단계는 내적 조건에 해당되며, 이러한 학습 단계를 지원하기 위한 수업활동을 외적 조건이라고 한다.

표 3-2 학습 단계와 수업사태 관계

	학습 단계(내적 조건)	수업사태(외적 조건)
학습준비	주의 기대 작동기억의 재생	주의집중 유발하기 학습자에게 학습목표 알려 주기 선수학습의 재생 자극하기
획득과 수행	선택적 지각 의미의 부호화 반응 강화	학습내용에 대한 자극 자료 제시하기 학습 안내하기 성취행동 유도하기 피드백 제공하기
학습의 전이	재생단서 일반화	성취행동 평가하기 파지 및 전이 높이기

① 주의집중 유발하기

주의집중은 학습동기를 유발시키기 위한 일차적 요소이며, 시각 자료를 활용하여 학습자가 집중할 수 있도록 만들어 줘야 한다. 모든 수업에서 제일 중요한 것은 학습자가 학습 목표 및 내용에 관심을 갖도록 주의집중을 유도하는 것이다. 이 수업사태가 적절하게 활성화되어야 다음 수업사태를 원활하게 수행할 수 있기 때문이다. 그런데 여기서 의미하는 주의집중은 단순히 재미있는 이야기 등에 의한 호기심 유발이 아니다. 학습내용에 대한 지적인 궁금증을 유발하는 것이 중요하다.

② 학습자에게 학습목표 알려 주기

학습자에게 최종적인 학습목표가 무엇인지 설명해 줌으로써 학습결과에 따라서 어떤 행동을 할 수 있어야 하는지를 안내하는 것이다. 학습자는 학습의 과정에서 자신에게 기대되는 것이 무엇인지를 알아야 한다. 학습목표란 수업을 마친 후에 학습자가 획득하게 되는 지식이나 기능 등을 간결하게 표현한 진술문이다. 학습목표는 학습의 방향을 제시해 줄 뿐만 아니라 평가의 기준으로 활용된다.

③ 선수학습의 재생 자극하기

이 단계의 목적은 학습내용과 관련된 선수지식을 회상할 수 있도록 촉진시키는 것이다. 선수학습의 내용을 떠올리게 하여 새롭게 학습할 내용과 이전에 학습한 내용의 관계를 이해하도록 만들기 위한 것이다. 즉, 이미 학습한 지식이나 기능 중에서 새로운 목표를 학습하는 데 도움이 되거나 필요한 사항들을 회상해 내도록 자극하는 것이다. 여기서 선수학습 요소는 설정된 교수목표를 달성하기 위해 사전에 알고 있어야만 하는 지식이나 기능을 뜻한다. 선수학습의 내용을 적절하게 재생하고 상기하도록 하는 외적 자극은 새로운 학습을 촉진시킨다.

(2) 획득과 수행

① 학습내용에 대한 자극 자료 제시하기

학습내용에 적절한 자료를 제시함으로써 학습활동을 시작할 수 있도록 한다. 자료의 형식은 학습목표에 따라 다르며, 학습유형이 무엇인지에 따라서 그림, 인쇄물, 실물 등을 활용할 수 있다. 이 수업사태는 실제로 본 학습이 시작되는 첫 단계에 필요한 것으로서 '자극 자료'란 교수목표와 관련된 교과 학습내용 및 교과 학습을 보조해 주는 정보나 자료를 말한다. 교과 학습내용을 제시할 때 고려해야 할 점은 학습자의 정보처리 능력, 과제의 양, 과제의 난이도 수준 등이다.

② 학습 안내하기

이 수업사태는 꼭 알아야 할 핵심적인 원리나 개념 등을 안내해 줌으로써 학습자가 목표에 명시된 특정 능력을 획득하도록 돕기 위한 것이다. 학습내용에 대한 자극 자료 제시하기 단계에서 주어진 학습의 자극은 의미를 가지고 학습자에게 전달되어야 하는데, 여기서는 그 학습 자극을 보다 의미 있게 만들려고 노력하는 단계다. 학습 안내를 제공할 때 학습자의 인지구조 또는 정보처리 유형에 적합한 방법을 사용해야 한다. 또한 학습자의 사고와 탐구를 자극하기 위한 질문, 단서나 암시 등을 제공하면 학습자는 보다 적극적으로 학습에 참여하게 된다.

③ 성취행동 유도하기

이 수업사태는 학습목표에 도달한 정도를 파악하기 위한 것이다. 교수자는 학습자의 학습 정도를 확인하기 위해서 질문을 하거나 과제수행을 지시할 수도 있다. 학습내용이 학습자의 인지구조에 잘 결합되었다면 성공적으로 지적 기능을 획득하게 된다. 이때, 학습자는 배운 것 또는 할 줄 알게 된 것에 대한 실행이나 표현 욕구가 생기게 된다. 이러한 실행이나 표현 욕구를 충족시켜 줌으로써 자신의 성취 결과를 확인하게 된다. 학습자가 실제로 특정의 내적 능력을 획득하고 있는지를 확인하기 위해서는 학습목표였던 수행 행동을 제대로 하고 있는지 확인하는 것이 중요하다.

④ 피드백 제공하기

피드백은 학습자의 수행에 대한 정확성 여부를 알려 주는 것으로, 학습과정 초기에 기대했던 결과가 이 단계에서 결실을 보게 되는 것이다. 이 수업사태에서는 학습자의 수행 행동에 대하여 적절한 피드백을 준다. 교수의 과정에서는 학습내용과 관련하여 정답 여부 피드백, 설명적 피드백, 교정적 피드백 등을 제공할 수 있다. 또한 제시 방식 면에서는 음성적 피드백이나 문자 또는 도형들의 피드백도 활용할 수 있다.

(3) 학습의 전이

① 성취행동 평가하기

행동의 평가 역시 피드백을 제공하는 한 방법이다. 일정한 학습과제에 대한 학습을 매듭짓는 단계에서 간단한 연습이나 테스트를 하여 학습의 진전을 확인한다. 수업을 통해 학습자가 획득한 학습결과를 평가하고 사정함으로써 학습 결손 부분을 확인하고 보완해 준다. 이 단계에서 평가는 주로 형성평가의 목적으로 실시한다.

② 파지 및 전이 높이기

파지는 선행 경험이나 반응 행동이 재생되는 것으로, 이를 높이기 위해 연습량과 스케줄을 조정할 필요가 있다. 전이는 특정 정보, 기능 및 태도가 다른 영역의 활동에까지 영향을 미치는 것으로, 이를 높이기 위한 가장 중요한 방법은 해당 개념이나 원리를 철저히 학습하는 것이다. 파지와 전이를 높이기 위해서는 학습자가 잘못 반응한 과제나 문항을 다시 해결해 보도록 하거나, 복습을 시키거나, 학습한 개념이나 원리를 검토해 보도록 예시 자료를 제공해 주거나, 문제해결 상황을 제공해 주는 방법 등을 사용할 수 있다. 또한 요약 · 정리 활동이나 평가활동을 통해서 학습한 내용을 반복함으로써 파지 및 전이를 높일 수 있다(백영균 외, 2010).

제2부

교수이론과 수업설계

제4장

교수이론과 수업모형

학습 안내

●●● 이 장에서는 교실현장에서 활용할 수 있는 여덟 가지 수업모형(문제기반학습, 탐구학습, 자기주도학습, 자기조절학습, 상황정착 수업, 목표기반 시나리오, 인지적 도제 이론)을 살펴본다. 이러한 교수이론에 대한 내용을 학습하기 위해서는 구성주의에 대한 일반적인 특징을 정확하게 이해하고 있어야 한다. 이 교수이론들은 구성주의적 특성을 공유하고 있기 때문에 학습자의 주도성, 지식의 맥락성, 개인적 성찰, 학습자 상호 간 협력, 그리고 교사의 스캐폴딩 지원을 강조한다. 1절의 문제탐구 기반의 학습활동은 실제적 문제를 탐구함으로써 심층적 학습을 유도하기 위한 것이다. 2절의 자기주도성 기반의 학습활동에서는 학습자의 능동적 참여를 촉진하기 위한 전략을 제공한다. 3절의 시나리오 기반의 학습활동은 현실적인 맥락에서 학습한 내용을 적용해 봄으로써 문제해결 능력을 촉진시키기 위한 것이다. 4절의 인지심화 촉진을 위한 학습활동은 복잡한 지식체계에 대한 인지활동을 심화시키기 위한 것이다.

핵심내용

01 **문제탐구 기반의 학습활동**
문제해결을 위해 다양한 활동을 수행함으로써 심층적 사고가 가능하다.

02 **자기주도성 기반의 학습활동**
학습내용을 스스로 결정하고 문제해결 방법을 전략적으로 선택할 수 있다.

03 **시나리오 기반의 학습활동**
현실적인 상황을 통하여 학습맥락을 높일 수 있다.

04 **인지심화 촉진을 위한 학습활동**
복잡한 문제해결 능력을 높이는 고차적 인지능력을 기를 수 있다.

1. 문제탐구 기반의 학습활동

문제기반학습(Problem-Based Learning: PBL)과 탐구학습(inquiry based learning)은 학습자가 어떤 문제를 해결하기 위해 집중적으로 학습활동을 전개하는 것이 특징이다. 이러한 과정을 통해 학습자는 심층적인 이해를 경험한다. 학습자의 지적인 호기심에 근거한 활동을 통해 적극적인 문제해결 과정을 수행하게 된다.

1) 문제기반학습

(1) 개요

문제기반학습(또는 문제중심학습)은 1960년대에 캐나다 의과대학에서 전통적인 교육방식의 문제점을 개선하고자 시작된 것으로 널리 알려져 있다(Barrows, 1985). 당시 의과대학의 교육생들은 엄격한 교육체제에서 방대한 양의 지식을 암기하고도 현장에서 환자를 치유하는 데 어려움을 경험하고 있었다. 이러한 현실에 대한 교육적 해결책을 제시하려는 목적으로 실제 문제 상황에서 고차원적인 사고가 가능하도록 문제기반학습을 위한 교수 모형이 제시되었다. 이와 같은 발생 배경에서 알 수 있듯이, 문제기반학습은 현실에서 직면할 수 있는 문제에 대한 실제적인 해결 능력을 배양하는 데 초점을 두고 있다.

(2) 원리

문제기반학습은 학습자가 현실에서 직면하는 문제를 해결할 수 있는 능력을 배양하는 데 초점을 두고 있기 때문에 학습자의 능동적 역할을 강조하는 교수방법이다(Savery & Duffy, 1996). 이런 특징 때문에 문제기반학습은 학습자 스스로가 주도적으로 학습을 수행하는 원리를 강조한다. 문제기반학습의 특징은 현실 세계의 복잡하고 비구조화된 문제를 제시함으로써 다각적인 해석 능력, 정보 선택 및 획득 능력, 문제해결을 위한 절차와 전략 수립, 해결 방안에 대한 평가 능력 등을 키울 수 있다는 점이다.

표 4-1 구조화된 문제와 비구조화된 문제의 특징

구조화된 문제(structured problem)	비구조화된 문제(ill-structured problem)
• 문제가 무엇인지를 쉽게 정의할 수 있다. • 문제해결에 필요한 정보가 충분히 제공된다. • 문제의 해결 자체가 중요하다. • 정답의 수가 한정되어 있다.	• 문제가 개별 학습자에 의해 새롭게 정의될 수 있다. • 문제해결을 위하여 추가적인 정보 수집이 필요하다. • 문제의 본질에 대한 해석을 중시한다. • 문제에 대한 해결방안은 다양하며 대안적이다.

현실 세계에서 직면하는 실제 문제들은 대부분 해결 방법이 쉽게 파악되지 않는다. 현실에서의 문제들은 매우 복잡하며, 문제의 속성을 알 수 없는 경우도 많다. 실제적인 문제들의 이런 특징을 비구조화된 문제(ill-structured problem)라고 한다. 구조화된 문제(structured problem)는 문제 상황에서 문제해결 상황으로 가기 위한 방법을 명확하게 인식할 수 있는 경우를 의미한다. 따라서 문제가 무엇이며 어디가 잘못되었는지를 설명할 수 있다. 그러나 비구조화된 문제는 문제 상황과 문제해결 상황에 이르는 과정이 분명하게 나타나지 않는다. 그래서 비구조화된 문제에서는 문제를 어떻게 인식하는지에 따라서 다양한 해법이 나올 수 있다. 비구조화된 문제를 통해 교수자는 학습자들에게 현실에서 발생할 수 있는 복잡한 문제 상황을 제시할 수 있게 되며,

이를 통해 학습자는 해결에 대한 동기를 갖고 정보를 수집하며 다양한 대안을 모색하게 된다. 〈표 4-1〉은 구조화된 문제와 비구조화된 문제의 특징을 비교하고 있다.

(3) 절차

문제기반학습 모형에 따르면, 학습과정은 적절한 문제, 학습내용과 교수활동을 설계하는 문제설계(problem design) 과정과 교수학습 지도와 단계별 평가로 구성된 문제실행(problem implementation) 과정으로 구분된다(이성흠, 장언효, 2008). 배로우스와 마이어스(Barrows & Myers, 1993)의 교수 모형은 문제기반학습을 도입, 문제제시, 문제확인, 문제해결, 발표 및 토의, 정리 단계로 설명하였다(최정임, 장경원, 2015, 〈표 4-2〉 참조).

표 4-2   **문제기반학습의 절차**

단계	활동
도입	수업 개요 소개, 수업의 분위기 및 환경 조성
문제제시	비구조적 문제를 제시하고 과정과 최종 결과물 설명
문제확인	해결해야 할 문제를 규정하고 해결방안 도출을 위한 방법의 모색
문제해결	학습과제의 규명과 책임 분담, 학습자료 선정 및 수집과 검토
발표 및 토의	팀별 결과에 대한 집단 토의
정리	학습결과에 대한 자기성찰

① 도입: 문제기반학습에 대한 기초적인 소개와 수업 전반에 걸친 안내를 받게 된다. 이 단계에서는 협력 활동이 원활하게 일어날 수 있도록 팀원들끼리 소개할 수 있는 기회를 마련하는 것이 좋다.

② 문제제시: 문제의 속성을 이해함으로써 문제해결에 어떻게 접근할 것인지를 준비하게 된다. 문제를 이해했는지의 여부에 따라서 문제해결 과

정이 달라질 수 있기 때문에 문제제시는 매우 중요한 활동이다.

③ 문제확인: 제시된 문제를 통해서 어떤 것을 해결해야 할지 파악하는 것이다. 이 단계에서는 문제해결에 필요한 것이 무엇인지 검토해야 한다.

④ 문제해결: 각자의 영역이나 역할을 부여받아서 학습과제를 처리하게 되며, 조사한 내용을 중심으로 적절한 해법을 찾기 위해 논의한다.

⑤ 발표 및 토의: 팀별로 작성한 결과물을 전체 수업을 통해 공유한다. 문제해결의 산출물을 서로 공유함으로써 팀별 문제해결에 대한 토의가 가능해진다. 이런 과정을 통해 다른 팀에서 수행된 다양한 관점과 해결 방안을 이해한다.

⑥ 정리: 팀별 결과에 따라 교수자가 요약·정리하여 학습결과를 일반화하도록 유도하는 과정이다. 이 과정에서는 팀의 문제점을 스스로 진단해 봄으로써 문제해결 능력을 증진시킬 수 있는 점검 활동을 수행한다.

2) 탐구학습

(1) 개요

탐구학습은 지적 호기심과 문제해결을 위한 해답을 찾기 위해 정보처리 능력을 배양하는 수업 방법이다. 탐구학습은 학습자의 흥미를 우선시할 뿐만 아니라 학습을 위한 방법도 학습자에 의해 결정되기 때문에 학습자의 의사를 적극 반영한다. 학습자는 탐구 과정을 통해 스스로 생각하고 판단함으로써 적극적으로 참여할 수 있다. 그러나 탐구학습 과정은 스스로 문제를 해결하는 체계를 수립해야 하기 때문에 선행학습과 사전지식이 충분하지 않을 경우에는 활용하기가 어렵다. 그리고 학습내용이 단순한 사실 위주로 구성되어 있을 때도 탐구학습 방법이 적절하지 않을 수 있다. 또한 완벽한 결과보다는 논리에 바탕을 둔 추론 과정과 결론이 중요하기 때문에 학습자에 대한 평가가 쉽지 않다. 충분한 자료 수집과 실험결과가 필요하기 때문에 수업시간이 충분하지 못할 수 있다.

(2) 원리

성공적인 탐구학습을 위해서는 자료를 조사하고 분석할 수 있는 기본적인 능력을 갖추어야 하고, 문제 상황에 대해 논리적으로 사고하는 방법을 먼저 습득해야 한다. 또한 타인과의 문제해결 시 자신의 의견을 피력하고 공유하는 방법을 알고 있어야 한다. 탐구학습을 적용한 수업에서는 학습자가 자발적으로 학습하는 방법을 습득하도록 지원하는 탐구학습의 기본원리를 반영해야 한다. 따라서 교수자는 학습자가 그러한 능력을 탐구학습 과정에서 배양할 수 있도록 지원해야 한다.

(3) 절차

탐구학습의 일반적인 단계는 문제인식, 가설설정, 실험설계, 실험수행 그리고 결론도출의 5단계로 이루어져 있다(〈표 4-3〉 참조).

표 4-3 탐구학습의 절차

단계	활동
문제인식	문제의 파악과 실험 상황의 이해
가설설정	문제 상황을 기술하고 원인을 제시
실험설계	가설을 인과적으로 설명하기 위한 실험장면을 구성
실험수행	자료 조사 활동을 수행
결론도출	가설에 대한 실증적인 증명을 통해서 인과관계를 설명

① 문제인식: 학습자는 교수자가 제시하는 문제 상황이나 실험 상황을 이해하고 문제를 파악하게 된다. 탐구학습의 본격적인 단계는 학습자가 문제 상황을 받아들일 때부터 시작된다고 볼 수 있다.

② 가설설정: 가설은 문제 상황에 대한 해결책을 임시로 설정하는 것으로
서, 문제 상황을 기술하고 이에 대한 원인 등을 제시하는 것이다.

③ 실험설계: 가설의 내용을 증명할 수 있는 가장 적합한 실험이나 상황을
설계하게 된다. 가설을 바탕으로 문제의 해결책을 고려하게 된다.

④ 실험수행: 자료를 조사하고 실험을 실시한다.

⑤ 결론도출: 앞의 과정을 통해 결론을 도출하게 되는데, 그 결론은 옳고 그
름의 시비보다는 가설의 증명 과정이 얼마나 논리적이고 이를 적극적
으로 제시하느냐에 초점을 둔다.

3) 문제기반학습과 탐구학습

문제기반학습과 탐구학습은 학습자의 적극적인 참여를 촉진한다는 공통
점을 갖고 있다. 그러나 [그림 4-1]에 나타나 있듯이 두 교수이론의 강조점은
다르다. 문제기반학습에서는 비구조화된 문제 상황을 제시함으로써 학습전
이를 촉진하려는 목적을 갖고 있다. 그동안 학교학습에서 제시된 문제가 모
두 구조화된 문제였기 때문에 학습자의 적용 능력이 떨어졌다고 본다. 반면
에 탐구학습에서는 학습자의 지적 호기심을 바탕으로 심층적인 학습을 유도

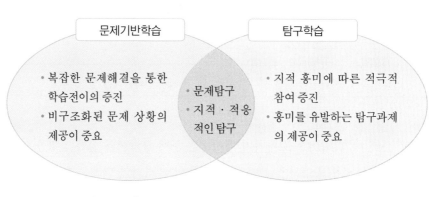

[그림 4-1] 문제기반학습과 탐구학습의 공통점과 차이점

하기 위해 탐구 문제를 제시한다. 그렇기 때문에 탐구학습에서는 학습자의 흥미를 유발할 수 있는 과제의 제공이 중요하다.

2. 자기주도성 기반의 학습활동

자기주도학습(self-directed learning)과 자기조절학습(self-regulated learning)은 학습자가 스스로 학습과정이나 목표 등을 설정한다는 점에서 자기주도성 기반의 학습활동이다(Brand-Gruwel, Kester, Kicken, & Kirschner, 2014). 이러한 학습활동에서는 학습자의 참여, 조절, 통제 등의 과정이 중요한 핵심적인 원리다. 자기주도학습은 학습자가 학습내용을 스스로 결정하고 문제해결의 방법을 전략적으로 선택할 수 있도록 도와주기 위한 것이다. 자기조절학습은 학습과정에 대한 인지 및 정의적인 영역에서의 개입이 중요한 요소가 된다.

1) 자기주도학습

(1) 개요

자기주도학습은 학습자가 주체적으로 목표를 갖고 계획에 따라 학습하는 방법이다. 학습자가 자발적으로 목표를 수립하고 학습할 뿐만 아니라 필요한 지식을 스스로 구성할 수 있는 데 초점을 두고 있다. 자기주도학습의 가장 중요한 특징은 학습자의 동기와 학습목표에 기반을 둔 학습방법이라는 점이다. 학습자의 의사를 최대한 반영하기 때문에 학업성과에 대한 만족도가 높고 학습자의 자신감을 높일 수 있다. 또한 정해진 수업방식보다는 학습자가 달성하고자 하는 학습목표에 따라 다양한 지식을 습득하고 가장 효과적인 학습방법을 활용할 수 있다.

(2) 원리

자기주도학습에서 교수자의 역할은 학습내용을 안내하고 전체적인 학습환경을 조성하는 것이다. 학습자 개인의 동기와 같이 자신의 학습에 영향을 미칠 수 있는 요소들을 잘 관리하는 데 성패가 달려 있다. 따라서 학습자의 학습활동을 활성화할 수 있도록 점차 교수자의 개입을 최소화하고 학습자의 학습계획 수립을 존중하고 지원해야 한다. 또한 다양한 매체를 통해 학습이 이루어질 수 있도록 지원해야 한다.

(3) 절차

자기주도학습은 학습요구 진단, 학습목표 설정, 학습지원 준비, 학습전략 선정, 학습결과 평가의 5단계로 구분된다(〈표 4-4〉 참조).

표 4-4 자기주도학습의 절차

단계	활동
학습요구 진단	학습자의 요구를 파악함으로써 수업방향을 설정
학습목표 설정	구체적인 행동 수준을 설정하기 위한 단계
학습지원 준비	학습활동을 촉진시키기 위한 지원 체제의 제공
학습전략 선정	자기주도적 학습수행을 위한 전략을 설정
학습결과 평가	목표의 달성 여부를 점검하고 반성적 사고

① 학습요구 진단: 다양하게 구성된 집단 안에서 교수자는 학습자의 현재 상태와 바람직한 상태를 확인하고 적절한 학습요구의 진단을 통해 수업을 의도한 방향으로 유도할 수 있도록 준비한다.
② 학습목표 설정: 학습요구 분석 후 도출된 요구 사항 등을 바탕으로 구체적인 행동 수준을 기술하고 최종적인 학습목표를 설정하는 단계다.
③ 학습지원 준비: 학습을 위한 인적 · 물적 자원을 파악하고 적절한 수업의

운영을 위한 조건들을 갖추고 있는지 확인하는 단계다.

④ 학습전략 선정: 설정된 학습목표와 이용 가능한 자원을 바탕으로 학습자
가 스스로 학습을 적극적으로 진행할 수 있도록 학습전략을 선정하고
실행하는 단계다. 학습자는 자기 수준과 역량에 맞는 학습전략을 선정
하고 적용하게 된다.

⑤ 학습결과 평가: 학습자가 기존에 설정한 목표에 대한 달성 정도를 파악
하고 자기평가와 성찰을 실시하는 단계다.

2) 자기조절학습

(1) 개요

자기조절학습은 짐머만(Zimmerman, 2002)의 학습이론에서 출발하고 있
다. 짐머만은 적극적인 학습이 이루어지기 위해서 학습자는 자신의 인지과
정을 스스로 조절할 수 있어야 한다고 보았다. 학습자들에게 자신의 학습에
대한 통제권을 갖도록 하면, 자기 학습에 대해서 더 책임 있고 적극적인 활동
을 하게 된다. 따라서 자기조절학습에서는 학습자가 학습에 대한 목표를 스
스로 설정하도록 하는 것이 중요하다. 이를 위한 세부적인 전략으로는 학습
자의 인지, 행동, 동기 등에 대한 점검, 조절, 통제 모니터링, 조절, 통제, 평가
하는 능력의 배양 등이 포함된다.

(2) 원리

자기조절학습에서는 학습자의 내적인 통제전략이 중요하다. 학습자는 인
지전략의 사용과 동기적인 요인을 고려해서 적극적인 학습참여 및 활동을
설명하고 있다. 자기조절학습에서는 학습자가 수행하는 과제에 대해서 어
느 정도의 가치를 부여하고 있는가를 중요하게 본다. 이것은 과제가치(task
value)라고 하는데, 학습자가 수행하고 있는 활동에 대한 학습동기 수준을 알

수 있는 요인이다. 과제가치가 높다면, 주어진 과제에 대한 흥미나 개입 수준도 올라가게 된다. 이처럼 자기조절학습에서는 학습자의 동기적인 요인이 학습과제 수행의 성공에 미치는 영향이 큰 것으로 보았다. 자기조절적인 학습활동이 올라가면 학습과제 수행을 위해서 더 많은 인지전략 및 메타인지전략을 투입할 수 있다.

(3) 절차

자기조절학습을 성공적으로 진행하기 위한 과정은 3단계로 구성된다. ① 계획 및 목표수립, ② 전략수행 및 모니터링, ③ 성찰 및 적응이다(〈표 4-5〉 참조).

① 계획 및 목표수립: 학습을 시작하기 전에 과제에 대한 가치를 확인하고 동기수준 등에 따라서 활동에 대한 계획을 수립하는 것이다. 이 단계를 통해서 과제수행에 필요한 어려운 점이나 자원의 활용 등에 대해서 미리 점검할 수 있다.

② 전략수행 및 모니터링: 과제수행에 필요한 실제 전략이나 활동과 학습과제의 성공적인 수행을 위해서 학습자의 인지 및 정의적인 행동을 모니터링하는 과정이다. 이 단계를 통해서 학습목표에 도달하기 위한 효과적인 과제수행을 실시할 수 있다.

표 4-5   자기조절학습의 단계

단계	활동
계획 및 목표수립	학습과제에 대한 가치 판단 및 문제점 등을 고려한 활동계획 수립
전략수행 및 모니터링	학습과제의 수행을 위한 활동단계
성찰	투입된 인지적인 노력 및 과정-결과를 고려하여 다음 수행을 위한 평가

③ 성찰: 과제수행을 위해서 투입된 학습자의 인지전략 및 동기수준 등을
   고려하여 학습성과에 어떤 영향을 미쳤는지 성찰하는 것이다. 이 단계
   를 통해서 어떤 전략을 활용하는 것이 더 효과적인가를 확인할 수 있다.

3) 자기주도학습과 자기조절학습

자기주도학습과 자기조절학습은 학습자가 주도적으로 학습활동을 구성하
고 추진한다는 공통점을 갖고 있다. 그렇지만 두 이론의 관점은 다르다. 자
기주도학습과 자기조절학습의 특징을 반영하여 [그림 4-2]와 같이 설명하는

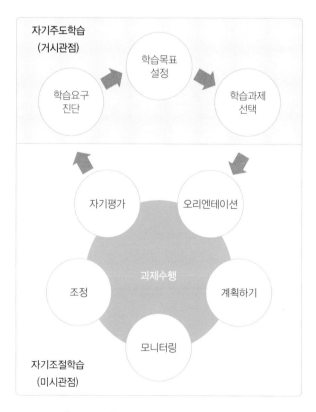

[그림 4-2] 자기주도학습과 자기조절학습

경우도 있다(Brand-Gruwel et al., 2014). 자기주도학습은 원래 평생교육적인 관점에서 출발한 것이기 때문에 학습활동의 필요성 등을 설정할 때 학습자 본인의 경험요인이 매우 중요하다. 따라서 자기주도학습은 거시적인 관점에 치중하고 있다면, 자기조절학습은 미시적인 과정이라고 해석할 수 있다.

[그림 4-2]에서 보는 바와 같이 자기주도학습에서는 자신의 경험에 비추어 특정한 학습목표를 설정할 뿐만 아니라 방법 및 계획 등을 모두 주도적으로 진행하는 것이다. 학습요구진단 → 학습목표설정 → 학습과제선택의 과정을 거친다. 반면에 자기조절학습은 과정지향적인 요인이 강조되는 개념이다. 자기의 목표를 달성하기 위해서 학습과정을 조절하는 것이다. 여기에서는 오리엔테이션 → 계획하기 → 모니터링 → 조정 → 자기평가의 과정을 거치는 것으로 볼 수 있다.

3. 시나리오 기반의 학습활동

시나리오 기반의 학습활동은 학습자에게 현실적인 상황을 제공함으로써 학습맥락에 대한 실제성을 높이기 위한 방법이다. 여기에는 상황정착 수업(anchored instruction)과 목표기반 시나리오(goal-based scenario)가 있다. 상황정착 수업은 단일한 정답이 정해지기 어려운 현실적인 맥락에서 학습자들이 주어진 지식을 적용함으로써 다양한 방법을 모색해 나가는 방법이다. 목표기반 시나리오는 현실적인 맥락과 학습자의 목표를 결합시킴으로써 과제 수행력을 증가시키는 방법이다.

1) 상황정착 수업

(1) 개요

상황정착 수업은 학습한 지식을 실제로 적용할 수 있는 상황을 학습자에게 제공하는 수업방법이다. 이 관점에서는 전통적인 학교학습이 학습자에게 실제적인 학습맥락을 제공하지 못한다고 비판하고 있다. 상황정착 수업은 멀티미디어 자료를 활용해서 학습자에게 사실적인 학습 상황을 제공하려고 한다. 또한 실제 상황과 유사한 학습맥락을 구성하여 학습자가 수업목표를 자연스럽게 달성할 수 있도록 하고 있다.

(2) 원리

상황정착 수업의 핵심은 실제적인 학습맥락을 제공하는 것이다. 이 방법에서는 실제 생활환경과 동일하거나 유사성이 높은 맥락 속에서 현실적인 문제를 어떻게 해결하는지 관찰하는 것이 중요하다. 상황정착 수업은 학습에서의 현실성을 높이고 상황적 맥락을 제공하기 위해 교육공학적 기술을 폭넓게 활용하고 있다. 예를 들면, 시각적이고 역동적인 정보를 제공하기 위해 비디오를 활용한다. 상황정착 수업은 학습활동을 구성할 때 실제적인 적용 장면을 구현해야 한다고 본다. 그렇기 때문에 실제로 주변에서 발생할 만한 과제와 해결 방안을 제시해야 한다. 학습자가 해결해야 할 과제를 탐색하도록 하고 이를 해결하는 데 필요한 정보를 스스로 찾을 수 있도록 한다.

(3) 절차

상황정착 수업은 학습자가 단순히 정보를 암기하거나 계산한 결과를 제시하는 것이 아니라 주어진 맥락에서 주도적인 사고 과정과 다양한 경험을 할 수 있도록 하는 것을 목적으로 하기 때문에 과제별로 이미 확정된 답을 찾는 것이 아니라 다양한 내용의 해결 방법을 탐색하는 것을 허용하는 학습방법이다. 따라서 상황정착 수업을 실현하기 위해서는 현실적인 상황을 제공할 수 있는 학습맥락의 설계가 대단히 중요하며, 설계 과정에는 현실성을 갖춘 과제 및 평가방법 설계 단계를 포함하고 있어야 한다. 이때 학습맥락의 현실성을 높이기 위해 드라마 형식의 스토리가 제공된다. 이는 드라마 형식의 스토리를 보면서 보다 실감나는 학습맥락을 구성할 수 있도록 도와주기 위한 것이다.

2) 목표기반 시나리오

(1) 개요

목표기반 시나리오는 생크(Schank)가 제안한 것으로, 구체적인 목표에 기반하고 있는 실제 상황을 학습자에게 제공함으로써 학습효과를 높이기 위한 방법이다. 교실 수업에서는 수업목표가 인위적으로 제시되기 때문에 현실 상황과 유사한 학습맥락이 형성되기 어렵다. 일상생활에서의 실제 상황들은 개인에게 목적지향성을 부여하기 때문에 보다 집중력을 갖고 문제에 주목하며 적극적인 사고와 추론 능력을 발휘할 수 있다. 목표기반 시나리오에서는 어떤 목표를 부여할 수 있는 일상생활의 장면을 제공함으로써 인위적인 교실 상황보다 개인의 목적지향성이 더 발휘될 수 있다(Schank, 1999).

(2) 원리

목표기반 시나리오를 설계할 때는 수업에서의 학습자원과 학습활동, 학습 과제를 사실성 있게 통합하는 것이 중요하다. 목표기반 시나리오 교수법은 학습자가 현실과 같이 제공된 학습환경에서 목표를 달성해 갈 수 있도록 유도하는 교수방법이다. 따라서 학습자는 주어진 시나리오 속에서 목표에 대한 성취감을 느낄 수 있기 때문에 학습자를 자연스럽게 동기화시킬 수 있다는 장점이 있다. 또한 목표에 도달하지 못한 학습자가 실패를 극복할 수 있도록 격려하며 피드백을 제공해야 한다.

(3) 절차

먼저 학습장면에서 접하게 될 문제 상황을 제시하고 학습목표를 설정한다. 목표기반 시나리오 교수법에서는 학습목표가 내재된 시나리오를 구성해야 한다. 학습자는 그 시나리오의 주인공이 되어 자신의 임무를 완성하기 위해 학습활동을 수행한다. 여기서는 학습자가 주인공이 되기 때문에 시나리오의 현실성이 중요한 요인이 된다. 만약 학습자에게 현실성 없는 시나리오를 제시한다면 학습맥락을 구체화시킬 수 없다. 시나리오가 학습자에게 일어날 수 있는 내용이라면 학습자는 시나리오를 통해 설정된 목표를 달성하기 위한 노력을 기울이게 될 것이다. 또한 학습자는 성공이나 실패를 폭넓게 경험해 볼 수 있도록 다양한 기회를 접할 수 있어야 한다. 학습활동을 마치고 나면 학습결과를 통합적으로 반성하는 기회가 필요하다.

3) 상황정착 수업과 목표기반 시나리오

[그림 4-3]은 상황정착 수업과 목표기반 시나리오 모형의 특징을 보여 주고 있다. 상황정착 수업과 목표기반 시나리오는 스토리를 기반으로 운영되기 때문에 공통점이 많은 편이다. 그러나 두 교수이론은 서로 다른 특징을 갖

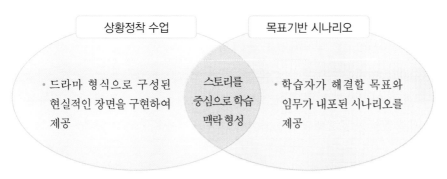

[그림 4-3] 상황정착 수업과 목표기반 시나리오의 공통점과 차이점

고 있다. 상황정착 수업은 학습한 내용을 적용해 보기 위해 극화된 장면이 제공된다. 따라서 학습자에게 제공되는 스토리는 학습맥락을 사실적으로 만들기 위한 것이다. 그러나 목표기반 시나리오는 스토리 속에 문제해결에 필요한 모든 요소가 내포되어 있어야 한다. 학습자는 주인공이 되어 시나리오 속에 등장하는 내용을 활용하면서 학습을 할 수 있다.

4. 인지심화 촉진을 위한 학습활동

복잡한 문제에 대한 해결 과정을 도출하기 위해서는 고차적인 인지능력이 필요하다. 문제해결 능력과 같이 고도의 지적 활동이 필요한 학습 과정을 위해서는 학습한 지식에 대한 전이 과정이 촉진되어야 한다. 이와 같이 학습전이를 촉진시키기 위한 교수이론으로 인지적 도제 이론(cognitive apprenticeship theory)을 고려할 수 있다.

1) 인지적 도제 이론의 개요

인지적 도제 이론은 전문가의 숙련된 지식 체계를 초보자가 쉽게 따라할 수 있도록 단계적인 숙달 과정을 제공하기 위한 것이다(Collins, Brown, & Newman, 1989). 인지적 도제 이론은 학습자가 숙련된 전문가의 문제해결 과정을 관찰하고 따라하면서 점차 자신의 숙련도를 높이기 위한 절차를 제시한다. 또한 인지적 도제 이론에서는 초보자가 전문가의 지식 체계를 획득함으로써 독립적인 문제해결자가 되어야 한다는 점을 강조하고 있다.

2) 원리

인지적 도제 이론의 핵심적 원리는 학습자와 전문가의 사회적 상호작용을 촉진함으로써 학습자가 인지적 성장과 학습목적을 달성하도록 조력하는 것이다. 인지적 도제 이론은 학습자가 전문가의 수행 내용을 관찰하고, 실제로 과제를 수행하는 과정에서 전문가의 인지전략을 습득하도록 도울 수 있다. 인지적 도제 이론에서는 전문가와 학습자의 상호작용을 중요시하며, 전문가는 자신의 역량을 직접 가르치기보다는 스캐폴딩의 제공에 초점을 둔다. 인지적 도제 이론은 전문가가 수행하는 실질적 맥락에서 학습자가 전문가의 수행을 관찰하고 전문가의 인지적 기능을 학습하기 때문에 근본적으로 상황학습이론에 기초하고 있다.

3) 절차

전문가의 수행 내용을 관찰하며 학습이 이루어지기 때문에 학습자는 전문가의 인지적 전략과 문제해결 과정을 모델링하게 되며, 전문가는 학습의 과제 수행 내용을 관찰하여 피드백을 제공하거나 도전적인 과제를 부여하는 등

표 4-6 인지적 도제 이론의 절차

단계	활동
모델링	전문가가 학습자에게 시범을 보임으로써 인시과정을 외현화하여 제공
코칭	학습자의 수행에 대한 전문가의 관찰 및 성찰 지도
스캐폴딩	직접적인 도움을 주기보다는 문제해결에 필요한 암시와 단서를 제공
명료화	학습한 내용과 지식을 스스로 확인함으로써 명백하게 재조직
성찰	전문가의 수행과 학습자의 수행을 비교할 수 있도록 안내
탐색	학습자 스스로 전문가의 입장에서 문제해결 과정을 수행

코칭 활동을 하게 된다. 인지적 도제 이론은 모델링, 코칭, 스캐폴딩, 명료화, 성찰, 탐색의 6단계로 구성된다(〈표 4-6〉 참조).

① 모델링: 학습자에게 전문가의 수행을 보여 주는 단계다. 학습자는 초보자이기 때문에 전문가의 실제 수행을 관찰함으로써 어떤 결과를 도출해야 하는지 확인한다.

② 코칭: 학습자의 수행에 대한 지속적인 피드백을 제공하는 단계다. 이 과정을 통해 학습자는 새로운 기술을 습득해서 활용하는 기회를 갖게 된다.

③ 스캐폴딩: 학습자가 일정 수준에 도달하게 되면 교수자는 스캐폴딩을 제공해야 한다. 독립적인 과제수행 능력을 만들기 위해서는 직접적인 도움이 아니라 스캐폴딩에 의한 간접적인 도움을 제공하는 것이 중요하다.

④ 명료화: 학습자는 학습한 내용과 지식을 활용해서 과제수행 단계를 스스로 명확하게 표현하고 설명할 수 있어야 한다. 이 과정에서 학습자는 자신이 알고 있는 지식의 내용과 수준을 점검한다.

⑤ 성찰: 학습내용을 스스로 점검하는 과정으로, 반성적인 고찰을 통해 자신의 지식을 더욱 숙련시키기 위한 것이다.

⑥ 탐색: 최종적으로 학습자가 독립적으로 문제를 해결할 수 있는 전문가로서 활동하기 위한 단계다.

제5장

수업활동의 설계

학습 안내

●●● 이 장에서는 수업 진행을 위한 수업방법 및 수업전략을 살펴본다. 협동학습을 위한 수업전략, 동기 증진을 위한 수업전략, 질문 중심 수업방법, 주제 탐구형 수업방법으로 분류하였는데, 이는 어떤 활동에 초점을 두고 있는지에 따라서 수업방법 및 수업전략의 특징을 구분한 것이다. 1절에서는 협동학습을 위한 수업전략에 대해 살펴보기 위해 과제분담학습, 성취과제분담 모형, 팀게임 토너먼트 모형에 대해 알아본다. 2절에서는 동기 증진을 위한 수업전략을 제시한다. ARCS 모형에서 주장하는 네 가지 동기 증진 모형의 특징과 전략을 소개하고, 수업설계를 위한 동기 증진 전략에 대해서 설명한다. 3절에서는 논쟁을 통한 학습방법인 하브루타 방법에 대해서 설명하면서 하브루타 수업의 절차와 학습요소가 무엇인지 설명한다. 4절에서는 주제 탐구형 수업방법인 토의식 수업에 대한 내용을 다루면서 토의식 수업의 유형 및 특징에 대한 설명을 제시한다.

핵심 내용

01 협동학습 전략

무임승차를 방지해야 하며 상호 의존성을 높여야 한다.

02 동기 증진 설계: ARCS 모형

수업설계를 통해 학습자의 동기를 증진시키기 위한 것이다.

03 하브루타 방법

활발한 의사소통을 통해 학습목표를 달성하는 교수법이다.

04 토의법

다양한 토의방식의 의사소통을 통해 학습목표를 달성하게 하는 방법을 소개한다.

1. 협동학습 전략

1) 개요

협동학습방법(cooperative learning method)은 학습자들에게 동일한 학습목표를 부여하고 그 목표를 달성하기 위한 상호작용을 높이기 위한 방법이다. 협동학습을 통해 학습자들은 구성원을 격려하고 도와줌으로써 학습 부진을 개선할 수 있기 때문에 학습능력이 저조한 학습자에게도 긍정적인 효과를 기대할 수 있다. 협동학습의 장점은 학습 과정에서 지식을 습득하는 것뿐만 아니라 협동을 체험할 수 있다는 점이다(전성연, 최병연, 이흔정, 고영남, 이영미, 2010). 기본적으로 협동학습에서는 개인의 노력을 통한 효과보다 협동을 통한 성과가 크다는 것을 전제로 하기 때문에 개인별 학습을 할 때보다도 더 많은 학습량을 빠르게 성취할 수 있다. 또한 학습자들은 문제를 함께 해결하면서 성공의 경험을 공유함으로써 학습의 긍정적인 효과를 확대할 수 있으며, 다른 학습자들과 활동하면서 서로 관찰하고 배울 수 있는 기회를 얻을 수 있다. 반면에 낮은 학습능력의 학습자는 소통의 횟수가 줄어들고 협동학습 과정에 충분히 참여하지 못할 위험성이 있다. 스스로는 적극적으로 참여하지 않으면서도 결과는 공유하는 무임승차의 문제가 나타날 수도 있다.

2) 원리

표 5-1 협동학습의 장단점 비교

장점	단점
• 효율적으로 더 많은 양의 학습 가능 • 사회적응을 위한 협동 기술과 지식을 습득 • 다른 학습자들을 관찰하고 배울 수 있는 기회 획득	• 성취 수준이 낮은 학습자들은 활발한 참여가 어려움 • 소수의 리더에 의해 학습방향이 좌우될 우려가 있음 • 무임승차 효과가 발생할 수도 있음

개인 간 경쟁에 초점을 맞춘 학습은 학습자 모두 특정의 목표에 도달할 수 있게 하기보다는 소수의 우수한 학습자만이 학습목표에 도달할 수 있다는 한계를 내재하고 있다. 결과적으로 다수의 학습자는 도전 등의 긍정적인 체험효과보다는 좌절, 패배감 등의 부정적인 효과를 경험할 가능성이 있다. 또한 학습목표를 달성한 학습자 역시 계속되는 경쟁적인 교육과정에서 실패를 경험할 수 있고, 그러한 실패를 피하기 위해 학습하는 과정에서 비롯된 스트레스를 받을 수 있다. 협동학습은 이러한 경쟁교육의 단점을 보완할 수 있는 교수법이다. 〈표 5-1〉은 협동학습의 장단점을 비교한 것이다. 학습자들은 도전적인 과제를 함께 해결해 가면서 상대의 더 나은 점은 배우고 부족한 부분을 보완하며 최종 목표에 도달한다. 결과적으로는 각자 성공의 경험을 공유하며, 이는 학습자들의 긍정적인 학습태도와 학습동기를 유발하는 데 기여할 수 있다. 그러나 자칫 학습자들 개개인의 발상이 합의에만 초점을 맞춘다면, 결과 도출에 매몰될 가능성도 있다.

3) 협동학습의 유형별 운영 절차

협동학습에는 여러 유형이 있으며, 수업목표와 학생들의 참여 정도를 고려

하여 적용할 수 있다. 여기서는 과제분담학습 모형(또는 직소우 모형), 팀성취
분담 모형, 팀게임 토너먼트 모형을 제시한다.

(1) 과제분담학습 모형

[그림 5-1] 과제분담학습 모형(직소우 모형)의 운영 절차

　과제분담학습 모형(또는 직소우 모형: jigsaw model)은 세부 주제별로 전문
가를 양성해서 동료 학습자를 가르치도록 하는 협동학습 모형이다. [그림
5-1]은 과제분담학습 모형의 운영 절차를 보여 주고 있다. 과제분담학습 모
형을 운영하기 위해서는 5~7명의 이질적인 구성원으로 소집단을 구성한다.
전문가 선발 단계는 각 소집단에서 전문가로 활동할 학습자들을 선정하는 것
이다. [그림 5-1]에서는 A1 학습자와 B1 학습자가 전문가로 선발된 것으로
가정한다. 그러면 이 학습자에게 특정 주제에 대한 내용을 전문적으로 가르
친다. 이렇게 내용을 학습한 학습자들은 자신이 소속되었던 소집단으로 돌
아가서 다른 동료를 가르친다. [그림 5-1]의 팀 활동은 A1 학생과 B1 학생이
각자 자신의 소집단으로 돌아가서 동료를 가르치는 단계를 표현한 것이다.
　과제분담학습 모형을 적용할 때는 학습내용을 세부 영역으로 구분해서 소
집단의 구성원이 각자 1개씩의 전문 영역을 담당하도록 해야 한다. 각자 1개

씩의 전문 영역을 담당하게 됨으로써 모든 구성원이 학습활동에 참여한다.
또한 각자의 담당 영역이 모두 다르기 때문에 만약 담당 영역을 제대로 학습
하지 않으면 소속된 집단에서 그 내용을 대신할 수 있는 구성원이 없다. 따라
서 학습자들은 더욱 책임감을 갖고 협동학습에 참여할 수 있다.

(2) 팀성취분담 모형

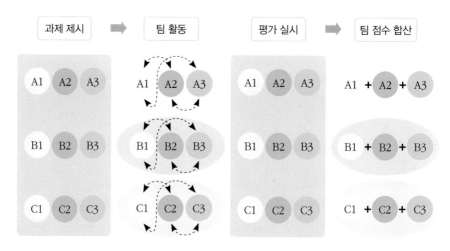

[그림 5-2] 팀성취분담 모형의 운영 절차

팀성취분담(Student Team Achievement Division: STAD) 모형은 개인의 성취
를 팀의 성취로 분담할 수 있도록 하는 모형이다. 이 과정을 통해 개인의 참여
가 결국은 집단의 성취로 연결되도록 하여 협동학습을 촉진시키기 위한 것이
다. [그림 5-2]는 팀성취분담 모형의 운영 절차를 보여 주고 있다.

4~5명으로 구성된 학습 팀으로 조직하게 되며, 각 팀은 다양한 능력 수준
에 따라 이질적인 학습자들로 구성된다. 과제 제시 단계에서는 모든 학습자
를 대상으로 과제가 무엇인지 알려 준다. 이렇게 과제가 시작되면 소집단은
각자의 팀 활동을 수행하며, 서로의 학습을 돕기 위한 활동을 수행한다. 팀

활동을 마치고 평가를 실시하여 자신의 성취 점수를 부여받는다. 팀원 각자가 부여받은 성취 점수를 합산하여 팀 점수로 환산한다. 이렇게 합산된 팀 점수에 따라서 가산점을 다시 부여받음으로써 팀 경쟁을 유도한다.

(3) 팀게임 토너먼트 모형

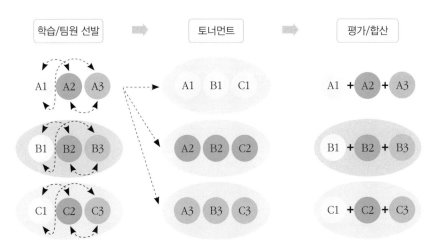

[그림 5-3] 팀게임 토너먼트 모형의 운영 절차

팀게임 토너먼트(Team Game Tournament: TGT) 모형은 비슷한 수준의 학습자들끼리 경쟁을 유도하기 위한 협동학습 모형이다. 팀 성취과제분담 모형에서는 모든 학습자에게 동일한 평가가 진행되기 때문에 학습자의 수준에 따라서 성취 동기가 달라질 수 있다. 즉, 학습 성취가 높은 학습자에게는 평가 내용이 쉽게 느껴질 수도 있기 때문에 오히려 성취 동기가 낮아질 수 있다. 이런 문제점을 보완하려는 것이 팀게임 토너먼트 모형이다.

[그림 5-3]은 팀게임 토너먼트 모형의 운영 절차를 보여 주고 있다. 이 모형에서는 비슷한 수준의 학습자들끼리 토너먼트를 벌이는 방식으로 팀 경쟁이 일어난다. 즉, 성취도 평가를 모두가 동시에 받는 것이 아니라 유사한 수

준의 학습자들을 대상으로 토너먼트를 벌인다. 토너먼트의 결과에 따라서 개별 학습자의 성취 점수가 달라지며, 개별 학습자의 성취점수를 합산해서 팀 점수로 환산한다. 자신이 속한 토너먼트에서 좋은 성적을 내면 그만큼 가산점을 많이 받을 수 있다.

팀게임 토너먼트 모형의 장점은 비슷한 수준의 학습자들끼리 경쟁하기 때문에 성취 수준이 높은 학습자들에게도 효과적인 동기유발을 할 수 있다는 점이다. 따라서 성취 수준이 높은 학습자들을 위한 평가문항을 따로 출제할 수 있다. 마찬가지로 성취 수준이 낮은 학습자들을 위한 평가문항도 따로 적용하여 학습자의 성취 수준에 따른 평가를 할 수 있다.

2. 동기 증진 설계: ARCS 모형

1) 개요

ARCS 모형은 켈러(Keller)가 제안한 것으로 네 가지의 동기 증진 전략을 강조하는 설계 모형이며, ARCS는 주의집중(attention), 관련성(relevance), 자신감(confidence), 만족감(satisfaction)의 영어 단어의 머리글자를 조합한 것이다. ARCS 모형은 수업설계를 통해서 학습자의 동기를 촉진시킬 수 있다는 것을 보여 준다. 즉, 수업활동을 어떻게 설계하는가에 의해서도 학습자의 동기가 바뀔 수 있음을 보여 준다. ARCS 모형은 수업이 진행되는 과정에서 학습자가 능동적으로 교수과정에 참여할 수 있도록 동기 수준을 높이기 위한 것이다(Reiser & Dampsey, 2017).

2) 원리

ARCS 모형은 학습자의 동기를 유발하기 위한 방법적 모색의 결과다. ARCS 모형은 학습자가 학습내용에 대한 주의(attention)를 집중할 수 있는 다양한 전략을 제시하고 있다. 학습활동이 추구하는 학습목표가 학습자의 필요성에 부합된다는 점을 알려 줌으로써 관련성(relevance)을 인식하도록 만들어 주어야 한다는 것이다. 또한 학습활동을 성공적으로 잘 마무리할 수 있다는 자신감(confidence)을 심어 주어야 한다는 점을 강조하고 있다. 마지막으로 학습자가 노력의 결과에 만족(satisfaction)할 수 있게 된다면 학습자의 학습동기가 촉진될 수 있다는 것이다. 〈표 5-2〉는 ARCS 모형의 전략을 적용한 예시를 보여 주고 있다(이인숙, 한승연, 임병노, 2010).

표 5-2 ARCS 모형의 구성 요소

요인	세부 전략	적용 예시
A 주의집중	지각적 주의환기	• 수업을 할 때 시청각적 보조자료를 활용한다. • 중요한 내용에 대하여 밑줄을 친다.
	탐구적 주의환기	• 수업 주제와 관련된 호기심을 자극하는 소개 및 질문을 제시한다. • 지적 갈등을 유발하여 호기심을 자극한다.
	다양성	• 수업방법을 다양하게 적용해 본다. • 수업 계열에 변화를 줘서 운영한다.
R 관련성	친밀성	• 학습자에게 익숙한 사건이나 친밀한 예문 및 배경지식을 활용한다. • 학습자들에게 친밀한 개념과 현재 과제를 연결시킨다.
	목적지향	• 자격증 획득과 같은 학습목표를 제시한다. • 수업의 내용과 학습자의 목적이 관련되어 있음을 강조한다.
	필요나 동기화의 부합성	• 학습자들과 관련된 시험이나 취업에 도움이 되는 내용을 강조한다. • 학습자들이 알아 두어야 하는 소재나 흥미로워하는 부분을 강조한다.

요인	세부 전략	적용 예시
C 자신감	학습의 필요조건 제시	• 평가기준 및 피드백을 제시해서 학습의 진척 정도를 파악하도록 한다. • 학습 평가에 필요한 요건이 무엇인지 제공해 준다.
	성공의 기회 제시	• 단순한 과제에서부터 어려운 과제로 계열화한다. • 문제에 대한 해답과 잘한 것에 대한 긍정적인 피드백을 제공한다.
	개인적 조절감 증대	• 다양한 난이도를 제공해서 선택할 수 있도록 한다. • 학습 속도에 맞게 학습할 수 있도록 기회를 제공한다.
S 만족감	내재적 강화	• 학습한 내용을 적용할 수 있는 기회를 제공한다. • 자신이 세운 목표를 달성해 보는 기쁨을 느끼도록 유도한다.
	긍정적 결과의 강화	• 열심히 최선을 다했을 때 좋은 점수를 받을 것을 강조한다. • 학습자가 새로운 기능을 숙달하기 위해 노력할 때 강화를 사용한다.
	공정성 전략	• 협력학습에서 기여 정도에 따라 차등점수가 부여됨을 공개한다. • 평가문항과 교재의 내용을 일치하게 한다.

(1) 주의집중 증진 전략

주의집중 증진 전략은 학습자의 주의집중을 높이기 위한 방법이다. 학습자의 주의력은 지적 차원에서의 흥미에 의해 유발될 수도 있고 지적 차원에서의 흥미 유발은 탐구적 호기심을 촉진시키기 때문에 학습자의 주의집중을 촉진시킬 수 있다. 따라서 다양한 수업방식을 적용해서 학습자의 주의집중을 유지시키는 역할을 할 수 있다.

(2) 관련성 증진 전략

관련성 증진 전략은 학습자에게 학습활동에 대한 친숙함이나 관련성을 부여함으로써 동기가 촉진될 수 있다는 것이다. 학습자 개인의 목표와 학습목표의 관련성을 높여 줌으로써 학습활동 자체에 의미를 부여할 수 있다. 자신의 흥미 요소에 맞게 학습내용을 선택할 수 있다면 학습동기를 증진시킬 수 있다. 학습자가 친숙하게 알고 있는 예시를 활용해도 학습동기를 촉진시키는 요인이 된다.

(3) 자신감 증진 전략

자신감 증진 전략은 학습수행에 대한 기대감을 형성함으로써 동기를 증진시키기 위한 것이다. 따라서 학습자에게 성공적인 학습결과를 예측할 수 있도록 만들어야 한다. 또한 다양한 형태의 성공 기회를 제공함으로써 학습자에게 성공적인 학습수행이 가능하다는 기대를 형성하도록 만들어야 한다. 학습자의 수준에 맞는 학습내용을 선택할 수 있도록 하거나 스스로 통제할 수 있도록 해 줌으로써 자신감을 증진시킬 수도 있다. 이러한 자신감 증진 전략은 학습자에게 학습결과에 대한 노력과 책임감을 갖도록 만들기 위한 것이다.

(4) 만족감 증진 전략

만족감 증진 전략은 학습결과에 대한 만족감을 형성함으로써 학습과정 수행을 지속적으로 유지할 수 있도록 유도하기 위한 것이다. 따라서 학습결과나 학습과정에 대한 긍정적인 지각을 할 수 있도록 격려와 배려를 제공하는 것이 중요하다. 학습자가 원래 기대했던 내용을 습득했다고 지각할 수 있도록 해야 한다. 또한 학습결과에 대한 공정성을 유지함으로써 학습자가 그 결과를 수용할 수 있도록 해야 한다. 학습과정에서 발생하는 긍정적인 결과에 대해 외적 보상을 제공하는 것도 학습자의 만족감을 증진시키는 방법이 된다.

3. 하브루타 방법

1) 개요

하브루타는 유대인의 대화식 교육방법을 적용한 것으로, 질문 생성을 통해서 논쟁을 이어 가는 방법이다. '하브루타'는 친구 혹은 동료를 의미하는 말로, 짝을 정해서 두 사람이 질문을 만들고 답변을 하면서 논쟁을 한다. 단순히 보자면 하브루타는 짝을 지어 묻고 대답하면서 논쟁하는 것이라고 볼 수 있다. 이 방법은 동료와의 협력적인 관계를 바탕으로 논쟁하는 방식으로 수업활동을 구성할 수 있다는 장점을 갖고 있다.

하브루타는 일반적으로 말하는 토의식 수업과 유사한 교육방법이다. 그러나 토의식 방법은 복잡한 문제에 대해서 다수의 의견을 수렴하여 결론에 이르는 과정이다. 그렇기 때문에 토의식 수업에서는 합리적 문제해결에 이르기 위한 활동이 포함된다. 그렇지만 하브루타와 같은 토론식 수업은 질문과 응답 과정에서 발생하는 의사소통 과정을 의미한다.

2) 원리

하브루타를 수행하기 위해서는 6단계로 구성된 절차를 따라야 한다. 일반적으로 두 명이 한 쌍을 구성하게 되지만, 여러 명이 함께 하브루타 방법을 수행할 수도 있다. 그러나 4명 이상을 넘기지 않는 것이 바람직하다(전성수, 고현승, 2015). 또한 하브루타를 성공적으로 운영하기 위해서는 여섯 가지 요소가 반영되어야 한다.

하브루타를 진행하기 위해서는, ① 짝 정하기, ② 학습할 본문 정하기, ③ 질문 생성하기, ④ 질문하기, ⑤ 논리적으로 답변하기, ⑥ 오류 발견 및 논쟁 단계로 진행되어야 한다. 짝 정하기는 하브루타에 참여할 상대방과 쌍을 이루는 것이다. 하브루타는 일대일로 질문과 답변이 오고 가기 때문에 학습자의 참여도가 매우 높다는 특징을 갖고 있다. 학습할 본문 정하기는 질문을 생성할 학습자료를 정하는 것이다. 질문 생성하기는 학습내용을 충분히 이해하고 이를 바탕으로 질문을 만드는 과정이다. 질문하기 단계에서는 짝에게 번갈아 가면서 질문하게 된다. 그렇기 때문에 매우 참여도가 높은 활동이 수행된다. 논리적으로 답변하기는 질문받은 내용에 대해서 응답하는 과정이다. 오류 발견 및 논쟁 단계에서는 상대방의 질문에 대해서 다시 논리적으로 설명한다.

하브루타가 진행되는 과정에는 여섯 가지 학습활동 요인이 포함되어 있다. 경청하기(listening), 명료화하기(articulating), 반문하기(wondering), 집중공략하기(focusing), 지지하기(supporting), 도전하기(challenging)다. 하브루타를 효과적으로 운영하기 위해서는 이와 같은 여섯 요소가 잘 진행될 수 있도록 해야 한다.

경청하기는 상대방의 말에 관심을 갖고 주의깊게 듣거나 학습내용을 읽는 활동이다. 명료화하기는 자신의 생각을 명확하게 표현할 수 있도록 해야 한다는 것이다. 반문하기는 상대방의 질문에 대해서 대안적인 답변이나 질문을 탐색하는 것이다. 집중공략하기는 질문내용을 명확하게 해서 질문의 방향을 형성하는 단계다. 지지하기는 자신의 주장을 논리적으로 구성하는 과정이다. 도전하기는 자신의 주장에 대한 오류를 수정하고 보완하는 활동을 의미한다.

4. 토의법

1) 개요

토의법은 학습자 간의 토의를 통한 의사소통을 기본으로 하여 학습목표를 달성하게 하는 교수법이다. 〈표 5-3〉은 토의법의 장단점을 비교한 것이다. 토의식 수업에서는 토의하는 과정을 통해 학습자들이 서로의 의견을 존중하고 협력하는 태도와 사고방식을 학습할 수 있다. 또한 누군가의 지시가 아닌 스스로 토의 과정에 참여함으로써 자발적인 학습이 가능하다. 토의 과정에서 주제에 대한 깊이 있는 접근이 가능하므로 설명하기 힘든 복잡한 교육목표의 달성에 효과적이다(민혜리, 2008). 그러나 자발적인 토의를 할 수 없는 학습자

표 5-3	토의법의 장단점 비교
장점	단점
• 타인의 의견 존중과 협력적 태도를 배양하는 데 효과적 • 학습자 스스로 사고하고, 의사소통하는 능력을 함양 • 상대를 설득하기 위한 대화방법과 사고방법을 습득	• 학습에 대한 참여가 낮으면 형식적 토의가 될 수 있음 • 효과적인 학습결과를 도출하는 데 시간이 많이 소요 • 충분한 준비가 전제되어야 효과적인 진행이 가능

들에게 토의법을 적용한다면 형식적인 토의가 될 수 있기 때문에 효과적으로 토의를 진행하기 위해 학습자들은 일정 수준의 능력을 갖추어야 한다.

2) 원리

토의가 원활하게 진행될 수 있도록 자유로운 발언 분위기 조성, 토의 참여자의 적극적인 참여, 집단 구성원 간의 상호 이해와 존중, 건전하고 의욕적인 토의 주제의 선정 등이 수반되어야 한다. 또한 토의 형태에 따라 다양한 사항에 주의해야 한다. 토의법에는 원탁토의, 배심토의, 공개토의, 심포지엄, 세미나, 버즈토의 등이 있다.

① 원탁토의: 참여자가 상호 동등한 관계에서 일정 참가 인원이 자유롭게 의견을 교환하는 방식이다. 원탁토의를 진행할 때는 의견의 수렴보다는 다양한 의견이 활발하게 표출될 수 있도록 유도하는 것이 중요하다.

② 배심토의: 사회자의 진행에 따라 일정 주제에 대해 패널이 청중 앞에서 토의하는 방식이다. 배심토의가 효과적으로 진행되려면 전문 지식을 갖춘 패널을 구성하는 것이 중요하다. 또한 토론이 과열되지 않도록 중재하는 역할도 중요하다.

③ 공개토의: 1~2명의 전문가가 정해진 시간 내에 공개 연설을 한 다음, 이를 청중과 질의 응답하는 방식으로 진행한다. 공개토의는 개방성을 높임으로써 대중적인 참여를 촉진하는 장점이 있다.

④ 심포지엄: 특정한 주제를 정하고 일정 인원의 사람들이 의견을 토론하는 방식이다. 심포지엄은 동등한 능력을 갖춘 강연자가 발표 및 질의 응답을 받는 방식이므로 강연의 이해를 돕기 위해 인쇄물 등의 보조 자료를 학습자에게 배부하면 효과를 높일 수 있다.

⑤ 세미나: 일정 주제에 대해 전문가들이 각자의 발표 기회를 갖는 방식이다. 이때 전문가의 발표 내용과 수준을 적절하게 조정하는 것이 중요하다.

⑥ 버즈토의: 여러 개의 소집단을 구성하여 토의 후 각자의 결과를 도출하여 전체 토의를 하는 방식이다. 소집단 토론이 활발하게 일어날 수 있도록 능동적인 참여를 유도하는 것이 중요하다.

제6장

수업매체와 ASSURE 모형

● ● ● 이 장에서는 수업매체의 특징 및 활용에 대한 내용을 다룬다. 수업매체는 학습내용을 전달하기 위한 도구적 기능을 수행하기 때문에 수업매체의 유형별 특징을 이해하는 것은 중요하다. 1절에서는 수업매체에 대한 정의를 제시하고, 학습촉진을 위한 매체의 특징을 알아본다. 2절에서는 수업매체를 시청각적 요소의 속성에 따라서 구분해 본다. 또한 커뮤니케이션 이론에 근거한 매체이론을 기준으로 메시지의 전달 및 해석의 관점에서 살펴본다. 3절에서는 수업매체의 선정과 활용을 다루는 ASSURE 모형을 소개한다. ASSURE 모형은 총 6단계(학습자 분석, 목표 진술, 방법 · 매체 · 자료의 선정, 매체와 자료의 활용, 학습자 참여 유도, 평가와 수정)로 구성되어 있으며, 이 모형의 이름은 수업 매체를 선정 및 활용할 때 각 단계에서 실시해야 하는 주요한 특징을 반영하고 있다. 4절에서는 ASSURE 모형을 적용한 실제 사례와 함께 단계별 수업설계 방법을 살펴본다.

핵심내용

1. 수업매체의 개념

1) 수업매체의 정의와 활용

매체(media)는 라틴어에서 유래한 말로 무엇과 무엇의 사이를 의미한다. 이것은 송신자와 수신자 사이의 의사소통 채널을 의미하기도 하는데, 수업에서의 매체는 교수자와 학습자 간, 학습자와 학습자 간의 의사소통을 도와주는 다양한 형태의 매개 수단으로 정의될 수 있다. 즉, 사람들의 메시지를 전달하기 위한 것이 매체다(Smaldino, Russell, Heinich, & Molenda, 2005). 이런 맥락에서 수업매체는 교수학습 과정에서 교수자와 학습자의 의사소통을 돕기 위한 도구다. 수업매체는 학습자에게 보다 생생하고 유의미한 학습경험을 전달함으로써 교수효과를 높이기 위해 사용된다.

교수학습 과정에서 수업매체의 역할은 다양하다. 첫째, 수업매체는 교수 활동에 필요한 다양한 요소를 학습자에게 조직적으로 제공하기 위해 사용된다. 둘째, 수업매체는 교수학습 과정에서 교사로부터 학습자에게로 학습내용을 전달하는 수단, 즉 학습과정에 자극을 부여할 수 있는 사물이나 구성 요소다(박숙희, 염명숙, 2007). 셋째, 수업매체는 교수학습 과정에서 교수자와 학습자, 학습자와 학습자 간의 의사소통을 위해 사용되는 매개 수단으로도 정의된다(윤정일 외, 2002).

수업매체를 활용하면 학습자의 학습속도에 맞춘 개별화 학습도 가능하다. 온라인 교육이나 이러닝 분야에서는 수업매체 없이는 학습 상황을 가정하기 어렵다. 또한 수업매체는 특수한 장애를 가진 학습자에게 맞춤형으로 개발되어 그들의 학습을 지원할 수도 있다. 장애를 가진 학습자를 지원하기 위한 매체 영역은 보조공학(assistive technology)이라고 한다. 청각장애를 가진 학습자에게 수화 통역이 되는 수업매체를 제작하여 보급하거나 시각장애를 가진 학습자에게 점자로 된 학습자료를 개발하여 보급하는 등의 일이 보조공학의 영역에서 이루어진다.

2) 수업매체의 필요성

수업매체를 교육에서 활용하는 이유는 다음의 몇 가지로 정리해 볼 수 있다.

첫째, 매체는 구체적인 경험을 제공하는 데 중요한 역할을 한다. 호반(Hoban)은 사실과 가까운 매체일수록 더 정확한 메시지를 전달하고 추상성이 높아질수록 이해도가 낮아진다고 주장하였다(Hoban, Hoban, & Zlssman, 1937). 사실과 유사한 학습경험을 제공함으로써 학습의 효과성과 효율성을 증진시킬 수 있다.

둘째, 수업매체를 활용하면 학습자의 주의를 끌거나 동기유발이 용이하다. 다양한 매체를 활용함으로써 학습자의 오감을 자극하여 주의획득이 용이하고, 학습내용을 표현하는 최적의 시청각적 방법을 활용함으로써 학습내용에 대한 이해를 촉진할 수 있다. 인간은 기본적으로 시각 정보와 청각 정보를 동시에 처리할 수 있기 때문에 두 정보 유형을 적절히 활용하면 최적의 학습효과를 낼 수 있다(Clark & Mayer, 2016).

셋째, 수업매체는 효율적인 교육적 의사소통을 위한 매개의 역할을 수행한다. 의사소통은 송신자의 메시지를 수신자에게 보내는 과정이다. 매체는 시각, 청각, 미각, 촉각 등의 다양한 감각기관을 통해 메시지를 전달하고, 어떤 상징체계를 사용하느냐에 따라 정보의 의미와 정확도가 달라지기도 한다. 이때 송신자의 메시지는 채널을 통하여 전달되는데, 이 채널의 역할을 담당하는 것이 매체다.

2. 수업매체의 분류

역사적으로 최초의 교수매체로 간주되는 것은 1658년에 제작된 코메니우스(Comenius)의『세계도회(Orbis Pictus: The world of pictures)』다.『세계도회』는 그림을 이용한 교과서로서 어린 아동에게 단어를 가르치기 위하여 그림과 단어를 함께 제공한 책자다.『세계도회』에서의 그림은 단어 설명에 대한 단순한 삽화가 아니다. 이는 언어를 가르치기 위한 시각 자료를 함께 제공하여 학습을 증진시키려 한 교수매체의 성격이 강하기 때문에 최초의 교수매체로 간주되고 있다. 이와 같이 교수매체는 학습목표 달성을 위한 도구로 활용되기 시작했으며, 어떤 조건에서 사용될 때 효과적인가에 대한 연구가 수행되었다.

1) 시각 자료의 분류

호반(Hoban)은 수업 상황에서 사용할 수 있는 시각 자료를 [그림 6-1]과 같

언어	←——— 추상성 ———→
도표	
지도	
회화, 사진	
슬라이드	
입체도	
필름	
모형	
실물	
전체 장면	←——— 구체성 ———→

[그림 6-1] 호반의 시각 자료 분류도

이 구분하였다. 이것은 시각 자료의 구체성과 추상성의 정도에 따라서 매체를 구분한 것이다. [그림 6-1]에 있는 실물은 실제 관찰이 가능한 장면을 의미하는데, 매우 구체적이지만 상대적으로 추상성이 적은 자료라는 의미다. 반면에 도표는 추상성은 강하지만 구체성이 적은 자료로 구분하고 있다. 아래에 있는 자료일수록 구체성이 높아지고 위로 갈수록 추상성이 높아진다.

2) 시청각 자료의 분류

데일(Dale)은 시청각적인 요인을 고려하여 경험의 원추(cone of experience) 모형을 제시하였다(Dale, 1969, [그림 6-2] 참조). 호반의 분류 체계가 시각 자료에만 초점을 맞추고 있었던 것에 비해, 데일의 분류 체계는 청각 자료를 포함하고 있다. 경험의 원추는 학습자의 경험을 구체적인 직접 경험에서 추상적인 경험까지 원추형 모양으로 분류한 것이다. [그림 6-2]에서 언어의 추상성이 가장 높으며, 아래로 갈수록 구체성이 높아진다.

데일이 주장한 경험의 원추는 브루너(Bruner)의 인지적 표상 단계와 동일한 계열성을 갖고 있다. 브루너는 인지적 표상 단계를 행동적 단계(enactive stage) → 영상적 단계(iconic stage) → 상징적 단계(symbolic stage)로 구분하였다. 행동적 단계에서 상징적 단계로 나아갈수록 구체성이 낮아지고 추상성이 높아진다는 의미다. 즉, 행동적 단계는 직접적인 활동에 의존하는 학습 단계다. 그래서 행동적 단계에서는 직접 경험이나 견학과 같이 활동 중심의 학습이 촉진된다. 영상적 단계는 구체적인 활동 없이 매체를 통해 간접적으로 제시되는 자료에 의한 학습이 가능하다. 마지막으로, 상징적 단계에 이르게 되면 언어나 기호를 사용한 추상적 차원의 학습이 가능하다.

[그림 6-2] 데일의 경험의 원추와 브루너의 인지적 표상 단계

3. 매체활용 수업의 설계: ASSURE 모형

1) 개요

수업활동을 설계할 때, 학습활동을 촉진시키기 위하여 다양한 매체를 활용하게 된다. 그런데 매체활용에 대한 적절한 계획이 포함되지 않는다면 오히려 수업활동을 방해할 수도 있다. 그렇기 때문에 수업매체를 효과적으로 활용하기 위해서는 학습목표나 학습자에 대한 충분한 분석이 포함되어야 한다. 따라서 매체를 활용할 때는 수업의 특정 부분만을 고려하기보다는 수업의 전체적인 면을 고려해서 활용하는 것이 바람직하다. ASSURE 모형은 매체활용을 포함한 수업설계 절차를 제시하고 있다.

2) 원리

ASSURE 모형은 교수설계 모형이지만 매체 선정 및 활용에 대한 설계 단계를 강조하고 있기 때문에 매체와 함께 설명되고 있다. 이 모형에서는 효과적인 교수설계를 위한 교수매체 선정 단계를 포함하고 있다(Smaldino et al., 2005). 따라서 매체의 특징뿐만 아니라 교수목표, 수업활동, 학습내용 등의 교수설계적인 요인을 반영하여 매체를 선정해야 한다. ASSURE는 각 단계의 영어 단어의 머리글자를 조합하여 만든 것으로, [그림 6-3]은 ASSURE 모형의 순환적 단계를 보여 주고 있다.

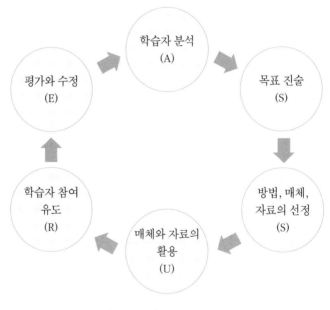

[그림 6-3] ASSURE 모형

(1) 학습자 분석

학습자 분석(Analyze learners: A)은 학습자의 특징을 분석하는 것이다. 이 단계에서는 학습자의 인지적 수준(지능, 선수학습과 선행학습 정도 등), 정의적 수준(동기 수준, 태도 등), 신체적 발달 수준이 고려되어야 하며, 학습자의 사회문화적 특징과 같은 환경적인 요인도 분석되어야 한다. 또한 매체와 관련된 학습자들의 평균적인 선호에 대한 조사 활동이 중요하다. 이와 같은 학습자의 특징을 잘 이해해서 수업설계에 반영해야 한다.

(2) 목표 진술

목표 진술(State objectives: S)은 수업내용에 대한 구체적인 수업목표를 설정하는 것이다. 목표 진술은 학습자가 그 해당 수업을 이수한 후에 보여 줄 것이라고 기대되는 행동을 진술하는 것이 원칙이다. 예를 들어, "근의 공식을 이해하고 이를 토대로 이차방정식 문제를 풀 수 있다" 또는 "자동차로 인한 환경문제의 해결책을 설명할 수 있다"와 같이 학습이 끝난 후 학습자가 보여 줄 것으로 기대되는 행동을 구체적으로 나타내야 한다.

(3) 방법, 매체, 자료의 선정

이 단계에서는 수업목표 달성을 위해 수업에 활용할 매체와 자료를 선정(Select media and materials: S)해야 한다. 기존에 개발되어 있는 교수매체를 사용하는 방법도 가능하지만, 수업의 목적과 상황에 맞도록 수정 및 개발하여 활용할 수도 있어야 한다. 교수 매체 및 자료를 선정할 때는, ① 학습자의 특성이나 교수자의 매체 활용 능력, ② 매체의 물리적 특징 및 운영 환경의 적절성, ③ 수업목표와의 적합성, ④ 학습효과를 증진시킬 수 있는 매체를 고려해야 한다.

(4) 매체와 자료의 활용

매체와 자료의 활용(Utilize media and materials: U)은 어떤 방식으로 매체를 적용할 것인지에 대한 교수전략을 수립하는 단계다. 교사가 미리 준비한 학습 자원과 매체를 활용하여 그날 학습할 내용을 가장 효과적인 방법으로 제시한다. 이러한 수업활동 전개를 위해서는 학습목표와의 적절성을 판단하고 학습자의 특성을 반영할 수 있어야 한다. 또한 수업에 적용하기 전에 수업매체를 먼저 사용해 보고 활용에 문제점이 없는지 점검해야 한다.

(5) 학습자 참여 유도

학습자 참여 유도(Require learner's participation: R)는 구체적인 수업활동을 구상하는 단계다. 매체 활용을 통해 학습자의 적극적인 수업활동 참여를 유도해야 한다. 이러한 적극적인 수업 참여는 체험 중심의 활동으로 달성될 수 있다. 학습자가 보고 듣고 만지고 사용하는 등 직접적인 경험이 추상적인 경험보다 더 많은 학습을 유발하기 때문이다. 매체를 활용하는 수업에서는 학습자의 직접적인 참여가 일어날 가능성이 높다. 학습자의 참여 및 연습 활동에는 즉각적이고 정확한 피드백이 주어져야 한다.

(6) 평가와 수정

마지막 단계에서는 수업이 성공적으로 이루어졌는지 수업의 효과와 영향에 대한 평가 및 수정(Evaluate and revise materials: E)을 실시해야 한다. 수업의 효과와 영향을 평가하는 방법은 설계 단계에서 세운 학습목표에 학습자가 도달하였는가를 알아보는 성취도 평가를 통해 확인할 수 있다. 평가 단계에서 매체 선정 및 활용에 관한 판단이 적절했는지에 대한 평가가 진행되어야 한다.

4. ASSURE 모형의 적용

이 절에서는 ASSURE 모형을 적용한 실제 교수설계 사례를 살펴보고자 한다.

수업 단원 및 대상

• 과목명: 영어-가정-진로 융합 수업
• 단원명: Unit 9. Bread from around the world (중학교 1학년)

나. 단원 학습목표

　　이 수업은 영어, 가정, 진로교육을 융합한 것으로 교육과정에 제시된 '음식
권유와 답하기'와 '희망·기대 표현하기'의 두 가지 의사소통 기능을 중심으로
구성되었다. 이와 더불어 가정과 교육과정의 '세계의 빵과 조리법' 이해하기와
진로과의 '요리사 직업 탐방'의 내용을 융합한 것이다. 이를 바탕으로 한 구체
적인 영역별 학습목표는 다음의 표와 같다. 이 단원을 통해 습득되어야 할 언
어 형식은 동작의 목적을 나타내는 to + 동사원형과 '~에게 …를 주다'의 의미
를 지닌 동사를 사용하는 구문이다.

교과 시간	교과 융합	
	교과 융합 중심 내용	핵심 성취 기준
가정	• 세계의 빵 및 빵요리 탐색하기 • 조별로 요리할 빵 및 조리법 결정하기	• 세계의 다양한 빵요리를 조사하고, 적절한 조리법을 이용한 건강한 요리를 계획할 수 있다.
영어	• 음식 권유와 답하기 • 요리 어휘 학습하기	• 요리 레시피를 읽고 어휘 및 융합을 구사할 수 있다.
진로	• 다양한 직종에 대한 탐구	• 요리사, 요리연구가 등의 직종 탐구 기회를 갖고 특징과 활동 내용을 간접 체험할 수 있다.

*해당 차시 핵심 성취 기준: 일상생활이나 친숙한 일반적 주제에 관한 글(세계의 빵에 관한 글)
을 읽고 세부 내용을 파악할 수 있다.

• 대상 학년: 중학교 1학년 2학기

교사는 이 수업 단원을 중심으로 교수설계를 실시해야 한다.

1) 학습자 분석

(1) 일반적 특성

학생들은 중학교 1학년으로 총 24명이며, 남학생 12명, 여학생 12명으로 이루어져 있다. 학생들이 사는 도시는 광역시다. 공장이 거의 없고, 학교와 박물관, 전시관 등이 밀집되어 있다. 경제 수준은 대체로 중상이다. 학생들의 학습 수준은 평균 이상에 편중해 있다.

(2) 인지적 특성: 출발점 능력과 선행학습 수준

전반적으로 학습자들은 영어 수준에 차이가 있다. 일부 학생은 글을 파악하는 실력이 우수하지만, 다수의 학생은 전체 글의 의도를 잘 파악하지 못한다. 글 전체의 중심 단어와 중심내용, 결론을 찾아내는 데 시간이 오래 걸리거나 두세 번의 시행착오를 거쳐서 찾아냈다. 심한 경우에는 글의 중심 단어도 못 찾는 학생이 있었으며, 중심문장을 찾아냈다고 하더라도 글쓴이의 의도를 파악하지 못했다. 문장 하나하나의 해석은 명확하게 하지만 전체 문장을 하나로 연결하지 못했다. 영어 지문을 글쓴이의 의도가 담긴 글이라고 생각하지 않고, 해석해야 할 문장의 나열이라고 인식하고 있었다.

수업을 이해하는 데 큰 지장은 없지만, 많은 학생이 선행학습을 하여 수업 시간에 집중력이 낮다. 평균은 다른 학급에 비해 1.5점 정도 높다. 또한 진로 교과에 대한 관심도 높기 때문에 요리법과 요리 실습에 대한 관심과 실습활동에 잘 참여한다. 학생들의 흥미 수준이 높으면 수업 지도에 적극적으로 호응한다.

(3) 정의적 특성: 동기 수준

학생들은 글을 해석할 때는 잘 따라오지만, 이미 아는 내용이거나 흥미가 없는 주제일 경우에는 집중력이 떨어지는 경향이 있다. 하지만 최근 화젯거리가 되는 이야기나 학생들이 흥미 있는 이야기(예: 연예인)가 나오면 높은 집중력을 보인다. 또한 학생들은 또래끼리 의견을 주고받는 토의 활동과 모둠 활동을 선호하고, 실제 이야기와 지식을 연결 짓게 했을 때 높은 관심을 보였다.

2) 목표 진술

수업목표를 진술할 때는 행위동사를 사용하여 나타내는 것이 좋다. 행위동사로 표현된 수업목표는 평가 단계에서 성취 수준을 측정하는 데 유용하기 때문이다. 현재 구성하고 있는 수업내용에 적합한 수업목표를 다음과 같이 선정했다.

- 영어: 요리 레시피를 읽고 핵심적인 재료와 조리법을 설명할 수 있다.
- 가정: 빵 조리에 대한 절차를 계획하고 준비물을 목록으로 작성할 수 있다.
- 진로: 요리사 또는 요리연구가 등의 직업적 특징을 설명할 수 있다.

3) 방법, 매체, 자료의 선정

(1) 교수방법의 선정: STAD 방법을 적용한 협동학습 기법

① 학생들에게 학습목표를 알려 준다.

② 학생들의 학업능력, 성별을 고려해서 4명의 이질집단으로 구성한다. 학생들은 주어진 교재를 가지고 동료 간의 상호작용을 활발히 하면서 학습한다. 집단 내의 신뢰감을 위해, 특히 팀 구성 초기에 팀 이름과 팀 구호를 정하여 사용하게 하고 단결과 팀 협동정신을 형성하게 한다.

③ 소집단 활동이 완성된 후에 학생들이 얻은 지식을 퀴즈를 통해 개별적으로 평가한다. 학생들은 개별적인 문제를 풀어야 하며, 개인의 성취 점수가 자신의 점수로 계산된다. 교사는 약 20~30분 정도로 실시할 수 있

는 간단한 문제를 만들어 사용하거나 교재에 나오는 퀴즈 문제나 검사 지를 사용한다.

④ 개별 향상 점수는 각각의 학생마다 기본 점수를 정하고, 학생들의 퀴즈 풀이 점수를 통해 얼마만큼 향상되었는지를 평가한다.

⑤ 단원의 수업이 끝나면 팀 점수와 뛰어난 개인의 성과를 게시하고, 우수한 개인이나 소집단을 시상한다. 팀 점수와 개인 점수는 수업의 태도 점수에 반영하여 보상을 제공한다.

(2) 교수매체 및 자료의 선정

① 프레젠테이션 PPT: 교수자가 수업 초기에 단원에 대한 학습자의 주의를 끌기 위하여 세계 각국의 빵에 관한 다양한 사진을 준비한다. 또한 빵 조리를 위한 순서와 종류를 제시한다. 빵 레시피를 단계적으로 보여 주는 사진 자료를 제시한다.

② 디지털 교과서가 탑재된 태블릿 PC: STAD를 적용한 협동학습을 하면서 필요한 경우 활용할 수 있도록 학습자들이 사용할 태블릿 PC를 준비한다. 학습자들은 태블릿 PC에 내장된 디지털 교과서의 본문을 원어민 발음으로 듣거나 단어를 찾아보며 같은 팀이 된 학습자끼리 학습한다.

③ 인쇄물: 논리적 구성을 설명하는 보충 자료를 준비한다.

4) 매체와 자료의 활용

STAD 기법을 적용하기 위해 4명이 한 테이블에 앉을 수 있도록 배치한다. 2×2cm의 테이블을 7개 준비하여 학생들이 고루 잘 볼 수 있게 배치한다. 수업을 하기 전에 컴퓨터를 켜 놓고 프레젠테이션이 잘 작동하는지 살펴본다. 프레젠테이션 내용이 잘 준비되었는지 확인한다. 교수자는 수업 초기에 준비한 프레젠테이션 PPT를 가지고 학습자의 주의집중을 이끌며 교수자의 수업

핵심내용 설명이 끝난 후, 학습자들은 팀별로 또래 교수를 진행한다. 이 과정에서 학습자들은 태블릿 PC에 내장된 디지털 교과서의 본문을 원어민 발음으로 듣기도 하고, 단어도 찾아보며 서로 가르쳐 주고 배우기를 한다.

5) 학습자 참여 유도

교수매체를 활용하여 보다 실제적이고 구체적인 학습이 가능하도록 하고, 학습자들이 적극적으로 학습에 참여할 수 있다. 해당 수업에서는 디지털 교과서가 탑재된 태블릿 PC를 통하여 영어 수준이 낮은 학습자가 직접 단어를 찾아보고, 원어민의 발음도 들어 보고, 디지털 교과서에 담긴 참고자료(세계의 빵에 관한 다양한 이야기 자료)를 찾아보면서 수업에 흥미를 가지고 직접 자신의 학습을 해 나갈 수 있다.

6) 평가와 수정

이 단계에서 진행되는 평가는 설계한 수업에 대한 것이다. 수업은 의도된 학습경험을 제공하기 위해 조직된 활동을 의미한다. 그렇기 때문에 수업설계는 그러한 수업목적에 부합되도록 설계되었는가를 점검하는 것이 중요하다. 수업설계는 수업에서 의도하는 수업목표를 달성하기 위하여 필요한 학습을 조직화한 것이다. 효과적인 수업을 달성하기 위해서는 수업목표를 명확하게 제시함으로써 수업에 필요한 활동을 선정하고 세일화할 수 있다. 성공적인 수업을 달성하기 위해서는 수업준비를 위한 사전조사 활동이 충분히 확보되어야 한다. 〈표 6-1〉은 수업설계 결과에 대해서 점검해야 할 항목의 예시를 제시하고 있다.

표 6-1 수업설계에 대한 평가 항목의 예시

평가 대상	점검 항목	예	아니오
수업목표	수업목표는 적절한 개수가 제시되었는가?		
	수업목표가 명확하게 진술되어 있는가?		
	학습자의 수준에 적절한 수업목표가 제시되었는가?		
수업활동	전시학습 내용을 점검하고 있는가?		
	수업활동은 학습자의 수준에 적합한가?		
	적절한 예시가 충분하게 제시되었는가?		
	수업활동에 대한 피드백을 제공하고 있는가?		
	수업내용이 체계적으로 잘 조직되었는가?		
	동기 증진 전략을 고려하여 활동을 설계했는가?		
	수업내용에 적합한 수업모형이 적용되었는가?		
	적절한 수업매체가 사용되었는가?		
	수업활동의 시간은 적절하게 배정되었는가?		
정리	수업내용에 대한 정리활동이 있는가?		
	본 수업에 대한 평가 항목이 준비되었는가?		
	다음 시간을 위한 차시예고가 있는가?		

제3부

디지털 학습환경

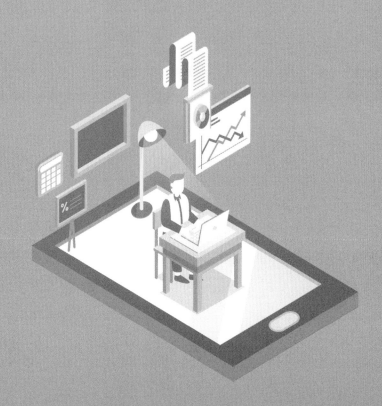

제7장

멀티미디어의 활용과 설계원리

●●● 이 장에서는 멀티미디어를 어떻게 교육적으로 활용할 것인지를 살펴본다. 1절에서는 멀티미디어 학습의 특징과 인지부하이론에 대한 내용을 설명한다. 멀티미디어는 시청각적인 요소를 모두 사용한다는 특징을 갖고 있다. 또한 인지부하이론은 멀티미디어 매체의 설계방법에 대한 이론적 근거를 제시한다. 2절에서는 외생적 인지부하를 줄이기 위한 설계방법과 원리를 설명한다. 외생적 인지부하를 줄이면 불필요한 인지활동이 없어지기 때문에 작업기억을 효율적으로 활용할 수 있다. 3절에서는 내생적 인지부하를 적절한 수준 이내에서 조절하는 방법을 제시하고 있다. 4절에서는 본질적 인지부하를 촉진시키기 위한 방법이 제시되어 있다. 이 장에서는 외생적 인지부하, 본질적 인지부하, 내생적 인지부하의 측면에서 학습을 촉진시키는 설계전략에 대하여 다룰 것이다.

핵심내용

01 **멀티미디어 학습과 인지부하**
인간의 작업기억은 제한된 인지 용량을 갖고 있으므로 인지과부하가 발생하지 않아야 한다.

02 **외생적 인지부하의 저감원리**
불필요하게 발생하는 인지부하를 줄이기 위한 방법을 설명한다.

03 **내생적 인지부하의 조절원리**
과제 난도가 높더라도 과부하가 발생하지 않도록 조절하는 방법을 보여 준다.

04 **본질적 인지부하의 촉진원리**
적극적 활동이 촉진될 수 있는 전략을 제시한다.

1. 멀티미디어 학습과 인지부하

1) 멀티미디어 학습과정

멀티미디어는 시청각의 다중적인 매체를 제공한다는 특징을 갖고 있다. 그렇기 때문에 멀티미디어 학습에서는 이와 같은 다중매체가 처리되는 과정을 충분히 이해하고 있어야 한다(Clark & Mayer, 2016). [그림 7–1]은 멀티미디어를 활용한 학습과정을 설명하고 있다. 멀티미디어에서는 소리/음성, 글자, 그림으로 구성된 학습내용이 제시된다. 학습자는 청각기관이나 시각기관을 활용해서 정보를 수집하는데, 이때 학습자의 주의집중에 의해 필요한 정보가 선택된다. 이때 선택된 정보는 작업기억에서 처리되는데, 청각 정보와 시각 정보는 청각적 처리와 시각적 처리 과정을 거친다.

[그림 7–1] 멀티미디어의 학습과정

작업기억으로 투입된 정보들은 조직화 과정을 통하여 내용 이해의 단계에 도달한다. 그런데 본격적인 학습은 사전지식과 새롭게 알게 된 지식을 통합하는 과정에서 일어난다(Clark, Nguyen, & Sweller, 2006). 이러한 통합 과정을 거치며 학습자는 기존의 스키마를 확장하거나 새로운 스키마를 획득할 수 있다. 따라서 멀티미디어를 활용한 학습에서는 시청각적인 정보매체들이 서로 다른 경로를 통해 입력되는 과정과 사전지식과 통합되어 스키마를 형성하는 과정을 이해하는 것이 중요하다.

2) 인지부하이론

인지부하이론(cognitive load theory)은 멀티미디어 학습을 설명하는 중요한 이론적 근거가 되고 있다. 스웰러(Sweller)는 인지부하이론이라는 명칭으로 설명하고 있으며, 메이어(Mayer)는 멀티미디어 학습이론이라고 설명하고 있다. 인지부하이론에 따르면, 학습자는 제한된 용량의 작업기억을 활용해서 학습하기 때문에 효율적으로 인지부하를 조절할 수 있는 교수 처방을 제시해야 한다.

인지부하는 과제를 수행할 때 사람의 인지체계에 부과되는 정신적인 노력을 의미한다(Sweller, van Merriënboer, & Paas, 1998). 학습을 통해 새롭게 알게 된 내용을 제대로 이해하기 위해서는 자신이 알고 있는 사전지식과 새로운 지식을 통합해야 한다. 만약 제대로 학습이 이루어졌다면 새롭게 알게 된 지식은 이미 알고 있던 사전지식에 잘 융합될 것이다. 이와 같이 새로운 지식 내용이 기존 지식에 융합되는 과정을 통해 학습자의 지식은 성장하게 된다. 이것은 학습자의 스키마 획득을 의미한다. 즉, 새로운 지식을 기존의 스키마에 통합시키는 것이 학습이다.

사람의 작업기억은 제한된 인지 용량을 갖고 있기 때문에 학습과정에서 발생하는 인지부하를 효율적으로 관리해야 한다. 만약 학습과정에서 인지적 과부하 상태가 발생한다면 학습과정이 매우 느려지거나 멈추게 된다. 즉, 인지부하이론에 따르면 사람들의 학습을 촉진하기 위해서는 제한된 작업기억의 용량에서 효율적으로 인지부하를 관리해야 하며, 인지과부하가 발생하지 않도록 해야 한다. 작업기억에서 발생하는 인지부하를 효과적으로 관리·통제할 수 있다면 이와 같은 스키마 획득이나 자동화 처리가 보다 쉽게 달성될 수 있다(Clark & Mayer, 2016). 따라서 인지부하이론은 작업기억의 제한된 처리 용량을 어떻게 최적화시켜서 인지처리를 촉진시킬 것인지에 관심을 갖고 있다. 이와 같은 내용을 정리하면 다음과 같다.

• 사람들의 작업기억 용량은 제한되어 있다

따라서 제한된 용량이 넘치지 않도록 유의하면서 학습을 진행해야 한다. 만약 학습자가 인지과부하를 경험하게 되면 학습속도가 느려지거나 진행되지 않을 수 있다.

• 시각 및 청각의 이중처리 과정을 갖고 있다

사람들은 시각과 청각 정보를 동시에 처리한다. 그렇기 때문에 어느 한쪽으로만 치우친 정보 입력을 받게 되면 인지과부하가 쉽게 일어날 수 있다. 따라서 정보의 입력 채널을 적절하게 분산해야 인지부하를 효과적으로 관리할 수 있다.

• 학습의 목적은 스키마의 획득이다

새롭게 입력된 정보와 기존의 정보를 통합시키는 과정이 스키마를 획득하는 것이다. 학습자가 더욱 많은 스키마를 획득할수록 학습결과의 전이를 높일 수 있다. 학습의 목적은 스키마의 획득을 통해 학습결과의 전이를 높이고 자동화를 달성하여 학습에 대한 숙련도를 높이는 것이다.

• 스키마 획득과 관련된 인지부하는 늘리고 불필요한 인지부하는 줄이는 것이 중요하다

효율적인 학습을 하기 위해서는 스키마 획득에 필요한 인지부하를 늘려야 한다. 따라서 학습활동에 불필요하게 투입되는 인지부하를 줄이는 것이 학습효과 증진에 필요하다. 불필요한 활동에 투입되는 인지부하를 학습에 필요한 활동에 투입하도록 해야 한다는 것이다.

3) 인지부하의 종류

학습을 수행하는 과정에서는 항상 인지부하가 발생하게 되는데, 이러한 인지부하의 발생 원인이 무엇인지에 따라서 인지부하를, ① 본질적 인지부하(germane cognitive load), ② 내생적 인지부하(intrinsic cognitive load), ③ 외생적 인지부하(extraneous cognitive load)로 구분한다(Sweller, 2010). 이 세 가지 인지부하의 총합은 학습과정에서 학습자가 지각하고 있는 인지부하의 총량이다. [그림 7-2]는 학습과정에서 발생하는 인지부하의 총량을 보여 준다. 내생적 인지부하, 본질적 인지부하, 외생적 인지부하를 모두 합친 것이 학습과정에서 발생하는 인지부하의 총량이다. [그림 7-2]에서 학습과정에 관여하지 않고 있는 부분은 '사용되지 않는 영역'으로 표시되어 있다. 따라서 인지부하 총량(내생적 인지부하+본질적 인지부하+외생적 인지부하)은 학습과정에 관여하는 작업기억의 용량이다. 만약 인지부하의 총량이 작업기억의 용량보다 커지면 인지과부하가 발생한다.

내생적 인지부하	본질적 인지부하	외생적 인지부하	사용되지 않는 영역

[그림 7-2] 학습과정에서 작업기억 용량의 활용

(1) 외생적 인지부하

외생적 인지부하는 바람직하지 않은 인지부하를 의미하는데, 학습을 수행하는 과정에서 불필요하게 투입된 인지적 노력을 지칭한다. 예를 들면, 교재의 설계가 제대로 되었다면 발생하지 않았을 인지부하가 외생적 인지부하다. 학습자에게 효과적으로 설계된 학습자료를 제공한다면 이러한 외생적 인지부하를 줄일 수 있다. 또한 그 학습자는 자신의 인지 용량을 본질적 인지부하에 더 투입할 수도 있다(Clark & Mayer, 2016). 따라서 인지과부하가 발생하지 않도록 전체적인 인지부하의 총량을 낮추는 것이 중요하다. 반면에 외생적 인지부하는 학습과정에 불필요한 인지부하이기 때문에 가급적 줄이는 것이 효과적인 학습을 유도할 수 있다.

(2) 내생적 인지부하

내생적 인지부하는 학습과제의 난이도에 의해 결정되는 인지부하다. 만약 난이도가 높은 과제를 수행한다면 학습자의 인지부하는 올라갈 것이다. 반면에 난이도가 낮은 과제를 수행한다면 학습자의 인지부하는 상대적으로 낮아진다. 과제 난이도가 높다는 것은 과제를 수행하기 위해 처리해야 할 학습요소가 많다는 것이다. 따라서 학습요소의 양이 늘어나면 과제 수행에 따른 인지부하가 올라간다. 일반적으로 내생적 인지부하는 과제에 의해 결정되는 것이기 때문에 인지부하의 수준을 조절하기 어려운 것으로 본다.

(3) 본질적 인지부하

본질적 인지부하는 새로운 지식을 기존의 지식 체계에 통합시키려는 정신적인 노력을 지칭한다. 이것은 학습자의 스키마를 확장하기 위한 인지적인 노력을 의미한다. 따라서 본질적 인지부하는 긍정적인 의미의 인지부하이며, 가급적 학습자가 더 많은 본질적 인지부하를 투입하도록 촉진시켜야 한다. 본질적 인지부하는 학습내용을 이해하거나 적용하기 위해 새로운 스키마를 생성하거나 기존의 스키마를 적용할 때 발생하는 인지과정을 지칭한다.

4) 인지부하의 조절

[그림 7-3]은 동일한 학습과제를 수행하고 있는 학습자 3명의 인지부하 정도를 도식화한 것이다. 이들이 동일한 학습과제를 수행하고 있지만 사용하고 있는 교재는 모두 다르다고 가정해 보자. [그림 7-3]의 학습자 A와 학습자 B를 비교해 보면, 전체적인 인지부하의 총량(내생적 인지부하+본질적 인지부하+외생적 인지부하)은 서로 비슷하지만, 학습자 B는 외생적 인지부하의 발생이 상대적으로 적고 본질적 인지부하를 더 많이 지각하고 있다. 이것은 학습자 B가 자신이 배운 내용을 기존의 스키마에 통합시키기 위해 더 많은 정신적 노력을 투입하고 있음을 의미한다. 결국 학습자 B의 경우 긍정적인 인지부하가 더 많음을 알 수 있다. 또한 학습자 B가 사용하고 있는 교재는 학습자 A와 비교했을 때 외생적 인지부하의 발생도 더 적은 것으로 나타나고 있다.

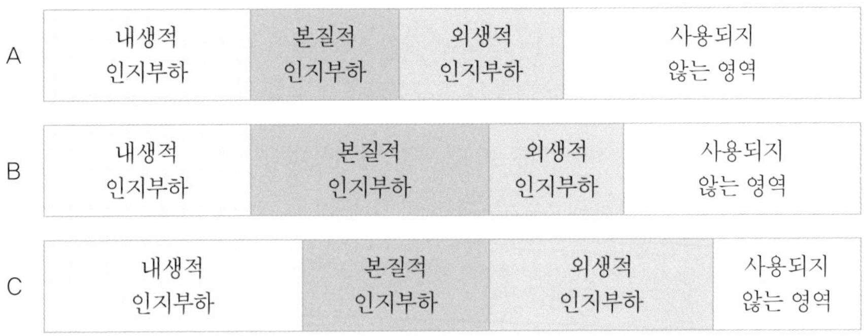

A	내생적 인지부하	본질적 인지부하	외생적 인지부하	사용되지 않는 영역
B	내생적 인지부하	본질적 인지부하	외생적 인지부하	사용되지 않는 영역
C	내생적 인지부하	본질적 인지부하	외생적 인지부하	사용되지 않는 영역

[그림 7-3] 인지부하의 정도에 따른 사례

학습자 C는 학습자 A와 학습자 B에 비해 인지부하의 총량이 현저하게 많고, 작업기억의 사용되지 않는 영역의 용량이 작아 인지적인 여유가 부족하다. 또한, 동일한 학습과제임에도 학습자 C가 지각하는 내생적 인지부하는 학습자 A와 학습자 B에 비해 더 많은 것으로 나타났다. 이런 현상이 나타난 것은 학습자 C의 사전지식이 상대적으로 적어 학습과제에 대한 난이도가 높게 지각되었기 때문이다.

2. 외생적 인지부하의 저감원리

외생적 인지부하를 줄인다는 것은 학습과정에서 발생하는 불필요한 인지과정을 줄이는 방법을 의미한다. 불필요한 인지과정을 줄임으로써 학습에 필요한 인지적 노력을 더 늘릴 수 있기 때문에 학습효과를 높일 수 있다 (Clark, Nguyen, & Sweller, 2006).

1) 근접성 원리

근접성 원리(contiguity principle)는 관련된 정보를 공간적·시간적으로 가깝게 제시하여 학습효과를 높이기 위한 것이다. 이것을 공간적 근접성과 시간적 근접성이라고 한다. 공간적 근접성은 멀티미디어를 설계할 때 그래픽과 텍스트를 가깝게 제시하여 불필요한 인지부하가 발생하지 않도록 만드는 것을 말한다. 또한 시간적 근접성은 그래픽과 음성 자료를 제시해야 하는 경우에 시간적으로 동시에 제공함으로써 불필요한 인지부하의 발생을 줄이는 것을 말한다.

멀티미디어 자료를 설계할 때, 그래픽과 텍스트를 서로 분리해서 제시하는 경우가 있다. 이렇게 설계된 자료를 이해하려면 학습자는 텍스트의 내용을 읽고 그에 해당되는 그래픽의 위치를 찾기 위해 부가적인 정신적 노력을 투입해야 한다. 이렇게 설계된 자료에서는 학습자의 주의가 분산되기 때문에 학습에 도움이 되지 않는다.

고막: 외이와 중이의 경계에 위하는 얇고 투명한 두께 0.1mm의 막으로서 외이도를 통해 전달된 음파를 진동시키는 역할을 한다. 고막은 피부층, 중간층, 점막층의 세 겹으로 되어 있으며, 청소골로 소리를 전달한다.

청소골: 청소골은 고막 쪽으로부터 망치뼈, 모루뼈, 등자뼈라고 불리는 3개의 뼈로 구성되어 있다. 고막이 받은 진동은 이 뼈를 통하면서 내이의 난원창으로 전달된다. 좁은 면적에 집중되므로 소리가 증폭된다.

달팽이관: 달팽이의 껍데기처럼 생긴 관으로 그 속에 림프액이 차 있다. 감겨져 있는 와우각을 펼치면 길이 3cm 정도의 끝이 막힌 원추형 모양이 되며, 외우간의 내부에는 막으로 이루어진 달팽이관이 있다.

청신경: 내이에 분포되어 있는 감각신경이다. 청신경은 내이의 안쪽에서 전정신경과 와우신경으로 구분된다. 전정신경은 평형감각을 감지하는 신경의 집합체이며, 와우신경은 뇌와 연결되어 소리를 인식한다.

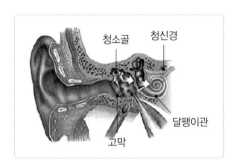

[그림 7-4] 근접성 원리를 적용하지 않은 비효율적인 설계

[그림 7-4]와 [그림 7-5]는 그림과 텍스트에 공간적 접근성을 적용한 사례를 비교한 것이다. 이 두 그림은 귀의 청각기능을 설명하기 위한 자료다. [그림 7-4]에서는 그림에 대한 설명을 따로 구분해서 상단에 표시했다. 이렇게 그림과 설명을 배치하면 그림에 대한 정보를 읽기 위해서 정보 탐색 시간이 필요하다. 그러나 [그림 7-5]는 각 기관에 대한 설명을 자료 안에 배치하여 그림과 정보 사이의 거리를 좁혀 놓았다. 이와 같이 두 정보를 가깝게 배치하면 불필요한 정보 탐색 시간을 줄일 수 있다. 근접성 원리를 적용하면 텍스트와 그림을 서로 연결시켜서 이해하려는 정신적 노력을 줄여서 학습을 촉진시킬 수 있다.

청소골: 청소골은 고막 쪽으로부터 망치뼈, 모루뼈, 등자뼈라고 불리는 3개의 뼈로 구성되어 있다. 고막이 받은 진동은 이 뼈를 통하면서 내이의 난원창으로 전달된다. 좁은 면적에 집중되므로 소리가 증폭된다.

청신경: 내이에 분포되어 있는 감각신경이다. 청신경은 내이의 안쪽에서 전정신경과 와우신경으로 구분된다. 전정신경은 평형감각을 감지하는 신경의 집합체이며, 와우신경은 뇌와 연결되어 소리를 인식한다.

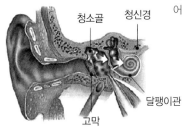

달팽이관: 달팽이의 껍데기처럼 생긴 관으로 그 속에 림프액이 차 있다. 감겨져 있는 와우각을 펼치면 길이 3cm 정도의 끝이 막힌 원추형 모양이 되며, 외우간의 내부에는 막으로 이루어진 달팽이관이 있다.

고막: 외이와 중이의 경계에 위하는 얇고 투명한 두께 0.1mm의 막으로서 외이도를 통해 전달된 음파를 진동시키는 역할을 한다. 고막은 피부층, 중간층, 점막층의 세 겹으로 되어 있으며, 청소골로 소리를 전달한다.

[그림 7-5] 근접성 원리를 적용한 효율적인 설계

2) 중복 원리

　텍스트와 동일한 내용을 음성으로 제공하면 학습자의 인지부하를 효율적으로 관리할 수 없다. 중복 원리(redundancy principle)는 동일한 내용을 시각과 청각으로 동시에 제공하면 주의집중이 분산되기 때문에 인지부하를 효율적으로 관리할 수 없다는 것이다. 나시 말해, 텍스트와 음성 중에서 어느 하나만으로도 이해할 수 있다면 중복적인 정보를 제거함으로써 주의집중 분산과 인지부하를 줄일 수 있다.

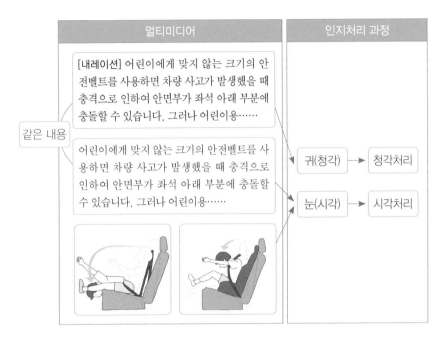

[그림 7-6] 중복된 자료 구성에 의한 비효율적 설계

[그림 7-6]은 텍스트의 내용과 동일한 내레이션을 제공하는 경우다. 이렇게 중복된 정보를 제공하면 학습자는 청각 또는 시각 정보 중에서 하나만을 선택하여 처리한다. 텍스트와 음성이 동일한 정보를 포함하여 중복되도록 설계하면 학습자의 주의집중이 분산될 수 있다. [그림 7-7]은 중복 원리를 적용한 예로 시각 채널을 활용하는 그림과 텍스트를 제공하고 그와는 다른 내용으로 내레이션을 제공한 것이다. 즉, 텍스트와 내레이션의 내용을 서로 다르게 구성하면 중복 내용을 제거할 수 있다. 이와 같이 시청각 정보 채널을 동시에 활용하면 효과적으로 인지부하를 관리할 수 있다.

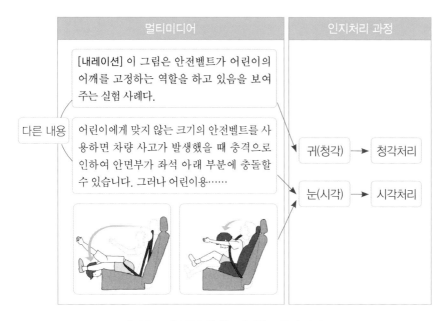

[그림 7-7] 중복 원리를 배제한 효율적 설계

3) 일관성 원리

일관성 원리(coherence principle)는 학습내용에 관련된 내용만으로 구성해야 한다는 것이다. 학습목표와 상관없는 학습자료를 부가적으로 제공하는 것은 일관성의 원리에 위배되는 것이다. 따라서 학습내용에 적합한 내용만을 구성하는 것이 중요하다. 예를 들어, 학습과 관련 없는 배경 음악 또는 엔터테인먼트적인 그림 등을 추가하면 학습효과를 낮출 수 있다. [그림 7-8]은 일관성 원리를 위반한 사례다. [그림 7   8]에 나오는 '토막상식'은 학습내용과 직접적으로 관련되어 있지 않은 불필요한 정보다. '토막상식'은 정서적으로 재미있는 내용이지만 내용에 대한 학습에는 긍정적인 영향을 주지 못한다. 이처럼 불필요한 자료를 학습에 추가할 경우 학습과정에 부정적인 영향을 미칠 수 있다는 점을 유념해야 한다. 일관성 원리는 부가적인 텍스트 정보뿐만 아니라 불필요하게 삽입된 음향 효과나 시각적인 요인도 포함한다.

어린이용 안전벨트

어린이에게 맞지 않는 크기의 안전벨트를 사용하면 차량 사고가 발생했을 때 충격으로 인하여 안면부가 좌석 아래 부분에 충돌할 수 있습니다. 그러나 어린이용 시트를 활용하면 이런 문제를 해결할 수 있습니다. 어린이용 시트는 어린이의 신체 크기에 맞춰 제작된 것이기 때문에 자동차가 충격을 받았을 때 앞으로 쏠리는 현상을 방지할 수 있습니다.

비효율적 설계의 예시

⚠ 토막상식

미국에서는 어린이용 자동차 시트를 장착하도록 법적으로 강제하고 있다. 또한 소비자의 시장 수요가 크기 때문에 비교적 저렴한 가격으로 구매할 수 있다. 그러나 상대적으로 시장 규모가 작은 한국에서는 구매 가격이 비싼 편이다.

[그림 7-8] 일관성 원리에 위배된 비효율적 설계

3. 내생적 인지부하의 조절원리

내생적 인지부하는 과제 자체에 의해 발생하는 인지부하다. 따라서 과제를 변경하지 않는다면 내생적 인지부하를 조절하는 것은 쉽지 않다. 그렇지만 학습과정을 조절함으로써 어느 정도는 내생적 인지부하를 관리할 수 있다.

1) 양식 원리

양식 원리(modality principle)는 청각과 시각 채널을 모두 활용할 수 있도록 학습자료를 개발해야 효율적으로 인지부하를 관리한다는 것이다. 그림과 텍스트를 동시에 제공하면 모두 시각적인 정보처리를 하므로 시각처리에 의한 부하만 높아지기 때문에 작업기억의 용량을 효율적으로 사용할 수 없

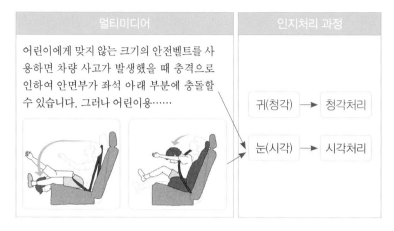

[그림 7-9] 양식 원리를 적용하지 않은 비효율적 설계

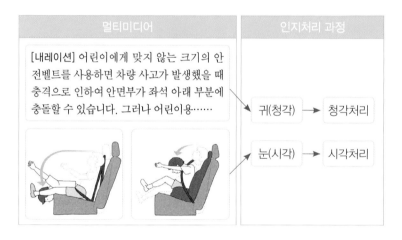

[그림 7-10] 양식 원리를 적용한 효율적 설계

다. 이러한 양식 원리는 파이비오(Paivio, 1991)의 이중부호화이론(dual coding theory)으로 설명할 수 있다. 사람은 두 개의 정보 채널을 통해 시각적 정보와 음성적 정보를 처리할 수 있다는 것이다.

　[그림 7-9]와 [그림 7-10]은 양식 원리를 설명하는 그림이다. [그림 7-9]는 양식 원리를 고려하지 않은 설계다. 그림 자료와 텍스트만 사용하고 있기 때

문에 모두 시각 자료만을 제공하고 있다. 이런 정보 제공 방법에서는 모두 시
각처리만 수행하게 된다. 그러나 [그림 7-10]은 그림 자료를 제공함과 동시
에 상응하는 내용을 내레이션으로 제공하고 있다. 이 경우에는 시각 자료와
청각 자료를 동시에 활용하고 있으므로 인지부하를 적절하게 분산시켜서 효
율적인 관리가 가능하다.

2) 완성된 예제

완성된 예제(worked-out example)는 복잡한 절차로 구성된 내용을 잘 숙달
할 수 있도록 만들기 위해서 중요한 단계로 나누어 연습하도록 하는 방법이
다. 여기서 말하는 중요한 단계는 학습내용을 수행하기 위해서 필요한 스키
마를 의미한다. 완성된 예제를 통해서 주요한 스키마의 습득을 촉진시킴으
로써 학습에 따른 수행능력을 높이기 위한 것이다. 이 방법을 적용하면 학습
과제에 내재되어 발생하는 인지부하를 효과적으로 조절할 수 있다. 완성된
예제는 과제 수행에 필요한 절차를 단계별로 제시하고 있기 때문에 학습자는
학습에 필요한 정보만을 간결하게 처리할 수 있다.

[그림 7-11] 완성된 예제의 적용 과정

　　[그림 7-11]은 완성된 예제를 적용한 수업방법을 보여 준다. 여기서는 3단계로 구성된 학습내용을 가정하고 있다. 이 학습내용을 수행하기 위해서는 세 개의 중요한 스키마가 있는 것으로 볼 수 있다. 처음에는 완전히 완성된 예제를 제시하면서 수업을 진행한다. 어느 정도 학습자가 내용을 이해했다면 맨 마지막 단계를 학습자가 스스로 완성하도록 한다. 그런 다음에는 그다음 단계를 진행하도록 한다. 단계 3 → 단계 2 → 단계 1로 진행하면서 과제를 스스로 완성하도록 하는 방법이다. 이런 방법을 후방 페이딩(backward fading)이라고 한다. [그림 7-12]는 완성된 예제를 적용한 사례다. 맨 왼쪽에 있는 것은 문제를 제대로 해결한 사람(국현이의 풀이)의 풀이과정을 보여 주고 있다. 여기에는 모든 풀이과정이 제시되어 있다. 그 다음 오른쪽은 마지막 단계를 해결하지 못한 사람(유선이의 풀이)의 풀이과정을 제시하고 나머지를 학습자가 해결하도록 하고 있다. 그 다음에는 문제풀이 초반만 완성한 사람(종호의 풀이)의 풀이과정을 제시하고 나머지를 학습자가 해결하도록 하고 있다. 맨 마지막 단계에서는 학습자 스스로 모든 과정을 해결하도록 하고 있다. 이와 같이 완성된 예제는 문제의 풀이과정을 단계적으로 제시해서 중요한 내용

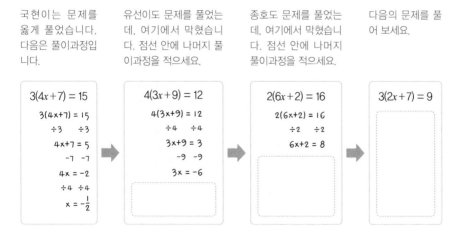

[그림 7-12] 완성된 예제를 적용한 사례

에 대한 스키마를 형성하도록 만들어 주는 것이다.

완성된 예제를 활용하는 방법을 적용하면 두 가지 장점이 있다. 첫째, 과제 완성에 필요한 절차 단계를 쉽게 알 수 있다. 앞서 설명하였듯이, 단계적으로 설명된 자료를 사용하기 때문에 절차를 이해하기 쉽다. 둘째, 점진적으로 학습과정을 완성할 수 있기 때문에 인지부하를 조절하기 쉽다. 한꺼번에 많은 내용을 처리하는 것이 아니라 점진적으로 처리하기 때문에 인지부하의 부담을 줄일 수 있다. 또한 완성된 예제를 적용함으로써 과제 자체의 내생적 인지부하를 줄이는 것은 아니지만 과부하가 발생하지 않도록 조절할 수 있다.

3) 사전 훈련 원리

사전 훈련 원리(pretraining principle)는 학습내용을 이해하기 위해서 알고 있어야 하는 구성을 먼저 이해하도록 하는 방법이다. 각 구성 부분을 이미 이해하고 있다면 학습내용에 대한 종합적인 이해가 빨라질 수 있다. 예를 들어서 복잡하게 작동하는 자동차 엔진의 작동원리를 학습한다고 가정해 보자. 이때 복잡하게 작동하는 원리에 대한 학습 이전에 관련된 부품 등을 미리 학습하게 된다면 학습과정을 효율적으로 관리할 수 있게 된다. 이 방법은 학습자가 작동원리에 대한 복잡한 학습내용을 배우기 이전에 각 부품의 명칭이나 작동에 대한 사전지식을 갖도록 하는 것이다. 학습내용의 요소가 되는 내용을 먼저 알고 있으면 복잡한 절차를 수행할 때 효율적으로 인지부하를 관리할 수 있다.

사전 훈련 원리는 동작이나 조작활동과 같이 복잡한 절차를 배워야 하는 경우에 기초지식을 미리 학습해서 실제 학습단계에서는 절차에만 집중할 수 있도록 하는 방법이다. 사전 훈련 효과를 적용함으로써 사전학습이 진행될 수 있는 단계를 구성하고 출발점 수준에서의 학습내용을 습득한 다음에 실질적인 기술 습득활동에 투입될 수 있도록 구조화하는 것이 좋다. 이런 사전 훈련 원리를 적용한다면 학습과제의 난이도 자체를 조정하는 것은 아니지만 학습자에게 인지과부하가 발생하지 않도록 해 줄 수 있다.

4. 본질적 인지부하의 촉진원리

본질적 인지부하를 촉진하는 것은 학습과 관련된 스키마 획득을 증진시키기 위한 방법을 의미한다. 스키마 획득을 촉진하기 위해서는 학습결과의 내용을 스스로 파악하기 위하여 노력하도록 만들어야 한다.

1) 개인화 원리

개인화 원리(personalization principle)는 학습자와 대화하듯이 내용을 전달하는 방법이다. 이 방법은 마치 학습자에게 대화를 하듯이 정보를 제공하는 것이다. 예를 들어, 학습내용을 설명할 때, "○○○ 학생!"과 같이 학습자의 이름을 불러 주는 것도 개인화 원리의 적용 사례다. 이처럼 직접 대화를 하듯이 정보를 제공하면 학습자는 동기 수준이 더 높아지고 학습에 더욱 집중할 수 있다. 결과적으로 학습자는 현재 학습하고 있는 내용에 더 많은 정신적 노력을 투입한다.

2) 자기설명 및 인지 리허설 원리

자기설명(self-explanation)이나 인지 리허설(cognitive rehearsal) 방법은 학습내용을 학습자 스스로가 점검할 수 있도록 도와주는 것이다. 자기설명과 인지 리허설은 "학습과정에 대해 스스로 설명하시오."와 같은 수행을 스스로 하게 하는 것이다. 이런 방법을 적용하면 학습자는 학습과정을 스스로 점검함으로써 학습내용에 대한 이해를 높일 수 있다. 인지 리허설은 단순히 리허

설을 수행한다는 개념이 아니라 인지적으로 어떤 절차와 순서에 따라서 과제
를 수행해야 하는지 스스로 따져 보도록 하는 방법이다.

제8장

에듀테크와 디지털 학습환경

에듀테크(Edutech 또는 Ed-Tech)는 교육과 기술공학을 결합한 용어이며, 최신 IT기술을 사용해서 제공되는 교육방법이나 서비스를 지칭하는 개념이다(한국교육학술정보원, 2020). 에듀테크에서 사용하는 IT기술은 이러닝과 같이 비교적 광범위하게 사용되고 있는 교육플랫폼을 포함해서 인공지능 기반의 개인맞춤형 교육 프로그램까지 다양하다. IT기술을 적용해서 효과적으로 활용하기 위해서는 교육공학의 관점이 필요하다. 왜냐하면 교육공학은 에듀테크를 뒷받침하는 이론적 근거이기도 하고 구체적인 교수학습 전략을 제공하기 때문이다. 그렇기 때문에 에듀테크는 교육공학의 전체 범위에 포함되는 하위개념이라고 할 수 있다. 교육공학과 에듀테크는 매우 밀접한 관련을 갖고 있다. 에듀테크는 새로운 기술을 사용해서 교육현장을 변화시키는 중심적인 역할을 한다. 교육공학이 효과적인 교육방법을 제공하기 위하여 교육현장의 변화를 추구하는 것과 같다. 현재 교육공학은 에듀테크 기반의 디지털 학습환경에 대한 연구를 주도하고 있다. 이 장에서는 이러닝 및 온라인 학습을 포함해서 실감미디어 등의 최신의 디지털 학습환경을 소개할 것이다. 에듀테크 기반의 교수모형의 적용 절차나 수업원리에 대해서도 살펴보도록 한다.

1. 이러닝

이러닝(e-learning)은 온라인 교육 등의 용어로 대체될 수 있으며, 디지털로 지원되는 여러 형태의 교수학습을 총괄하는 보편적인 용어로 인식되고 있다. 이러닝은 인터넷 기반뿐만 아니라 오프라인 기반으로도 운영된다. 인터넷이 본격적으로 확산되면서 독립적 학습방식(stand-alone)을 벗어나 웹에서의 자원을 탐색하고 활용하는 학습, 온라인상에서 타인과의 협력적 학습 등 보다 다양한 방식의 학습방법이 모색되고 있다. 최근 들어서는 모바일 기기가 보편적으로 사용됨에 따라서 시간과 공간의 제약을 극복하는 온라인 교육으로 확대되고 있으며, MOOC 등의 다양한 학습형태가 제시되고 있다.

1) 온라인 교육

온라인 교육은 장거리에 떨어져 있으면서도 교육활동을 제공하는 교육 형태를 지칭한다. 온라인 교육은 웹 기반 교수의 형태로 제공되며, 다음과 같은 장점을 갖는다. 첫째, 온라인 교육의 가장 큰 장점은 시간과 장소의 제약 없이 교육을 제공할 수 있다는 것이다. 둘째, 이동할 필요가 없기 때문에 이동에 따른 비용을 절약할 수 있다. 셋째, 인터넷을 기반으로 하고 있기 때문에 최신 학습자료를 손쉽게 구할 수 있다. 넷째, 인터넷을 활용하면 원거리에 있는 전문가와도 직접적인 소통을 할 수 있으며, 다른 학습자와의 협력학습이 가능하다.

한편, 온라인 교육은 다음과 같은 단점을 갖는다. 첫째, 온라인 교육을 운영하기 위해서는 초기 비용이 많이 필요하다. 시설이나 콘텐츠 개발 비용과 같은 초기 투자비용이 많이 든다. 둘째, 유지 관리비와 같은 지속적인 투자가 필요하다. 이러닝 학습 콘텐츠는 주기적으로 유지·보수되어야 한다. 셋째, 교육자와 학습자가 원격지에 떨어져 있기 때문에 온라인 학습자들은 심리적인 소외감을 느낄 수 있다.

온라인 교육은 실시간 운영 방식과 비실시간 운영 방식으로 구분된다. 실시간 운영 방식은 같은 시간대에 인터넷에 접속한 상태에서 원격 시스템을 가동하는 방식이다. 실시간 채팅이나 동영상 서비스가 이에 해당한다. 반면에 비실시간 운영 방식은 동일 시간에 접속하지 않더라도 이미 녹화해 놓은 자료를 보는 방식으로 운영된다.

실시간 운영 방식은 교수자와 학습자의 상호작용이 즉각적으로 일어나기 때문에 일반적인 면대면 수업과 거의 비슷한 경험을 할 수 있다. 또한 동일한 시간대에 모두 접속하기 때문에 함께 수업을 하고 있다는 사회적 실재감도 느낄 수 있다. 그러나 동시에 접속해야 하기 때문에 학습시간에 대한 제약을 갖고 있는 셈이다. 그 시간에 접속하지 못한 사람은 학습 기회를 갖지 못한다는 단점을 갖고 있다. 반면에 비실시간 운영 방식은 아무 때나 학습을 할 수 있기 때문에 시간적인 제약이 없지만 즉각적인 상호작용이 없기 때문에 역동성이 떨어진다. 게다가 학습자는 다른 학습자들과 함께 공부한다는 사회적 실재감을 잘 느끼지 못한다. 대신에 충분히 생각할 수 있는 시간적인 여유가 있기 때문에 성찰적인 학습활동이 가능하다는 장점을 갖고 있다.

2) 혼합형 이러닝

이러닝을 운영할 때는 온라인 교육의 비중에 따라서 온라인 강좌, 혼합형 강좌, 웹보조 강좌로 구분된다. 온라인 강좌는 수업시간의 80% 이상이 온라인으로 구성된 경우를 의미한다. 혼합형 강좌는 수업시간의 30~79%가 온라인으로 구성된 경우다. 그리고 수업시간의 30% 미만이 온라인으로 운영되면 웹보조 강좌라고 한다.

이 중에서 혼합형(블렌디드, blended) 수업 형태가 많은 관심을 받고 있는데, 온라인 수업의 장점과 오프라인 수업(면대면 수업)의 장점을 잘 융합시킬 수 있기 때문이다. 면대면 수업방식은 전통적인 교실 수업을 의미하는데, 실시간으로 진행되기 때문에 역동적인 상호작용이 가능하다는 장점을 갖고 있다. 수업이 진행되면서 즉각적인 피드백을 받을 수 있고, 학습자는 동료와 함께 수업에 참여하고 있다는 사회적 실재감을 느낄 수 있다. 그러나 교실에서 진행되는 수업은 개별적인 학습속도 등을 반영할 수 없고, 시간 및 장소의 제약을 갖고 있다. 온라인 수업은 시공간에 대한 제약은 없지만, 혼자 공부한다는 심리적 소외감이 크다는 단점을 갖는다. 또한 즉각적인 피드백이 없기 때문에 수업에 대한 참여가 낮아진다는 단점을 갖는다(한국교육공학회, 2005).

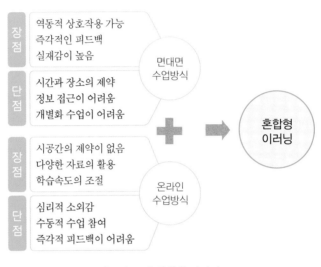

[그림 8-1] 혼합형 이러닝

혼합형 이러닝은 면대면 수업과 온라인 수업의 장점을 결합한 형태다([그림 8-1] 참조). 혼합형 수업은 면대면 기반의 오프라인 교육과 인터넷 기반의 온라인 교육을 결합한 것이다. 혼합형 수업을 운영하기 위해서는 우선 면대면 수업을 진행하고 난 다음에 온라인 수업을 연장해서 운영하는 방식을 적용하는 경우가 많다. 이런 방식을 적용함으로써 면대면 수업에서 논의된 내용을 사이버 공간에서 연계하여 학습할 수 있다.

3) MOOC

대규모 개방형 온라인 강좌(Massive Open Online Course: MOOC)는 전 세계

의 대규모 학습자를 대상으로 시간과 공간의 제약 없이 강의를 제공하는 온라인 공개강좌를 의미한다. MOOC는 다양한 연령, 학력, 동기를 지닌 많은 학습자에게 온라인상에서 무료로 강의를 제공함으로써 학습자에게 새로운 학습경험과 풍부한 교육환경을 제공할 수 있는 혁신적인 교육체제로 인식되고 있다(문방희, 2018).

현재 미국, 영국, 프랑스, 중국, 일본 등 세계적으로 많은 대학에서 MOOC 강좌를 제공하고 있다. 이처럼 MOOC가 전 세계적인 관심을 받고 있는 이유는 세계적으로 유명한 석학들의 강의를 무료로 제공받을 수 있을 뿐만 아니라 학습자와 교수자의 상호작용을 가능하게 하는 양방향의 플랫폼을 제공하기 때문이다(김소영, 김종범, 나일주, 박소화, 2015). 학습자 혼자서 공부하는 기존의 이러닝 학습과는 달리 MOOC는 교수자와 학습자 사이의 상호작용이 가능한 커뮤니티를 형성할 수 있도록 고안되었다. MOOC는 단순히 온라인 강의를 공유하는 것을 넘어서서 교수자가 실질적으로 강좌를 관리하여 일정 기간 동안 운영되고, 교수자의 피드백이나 협동과제 제시, 온라인 퀴즈 등을 제공하여 학습과정을 효율적으로 관리하게 된다(김주경, 2018). 또한 학습자들은 온라인 포럼, 게시판 등을 이용하여 교수자나 다른 학습자와 질문하고 토론하며 함께 학습할 수 있다. 이러한 학습과정에서 학습자는 단순히 교수자의 지식을 전달받는 것에서 벗어나 스스로 지식을 창조하고, 다른 학습자와 공유할 수 있게 된다.

우리나라에서도 고등교육의 경쟁력을 높이고, 대학교육의 기회를 균등하게 제공하기 위하여 지난 2015년부터 교육부 주관으로 K-MOOC라는 한국형 온라인 공개강좌가 시작되었다(강영민, 박주호, 이효진, 2018). K-MOOC에서 개설된 강좌의 현황을 살펴보면 인문, 사회, 공학, 의약 등의 다양한 영역에서 강좌가 개설되었다. K-MOOC 개설 초기에 10여 개의 대학에서 30여 개에 이르던 강좌는 2018년에는 70개가 넘는 대학에서 500개 이상의 강좌가 개설되어 규모적으로 크게 성장했음을 알 수 있다(조규락, 이영주, 2019).

2. 디지털 학습의 동향

1) 모바일 학습

최근 다양한 모바일 기기가 발달함에 따라 소셜 네트워크 서비스(Social Network Service: SNS)를 활용한 학습환경이 촉진되고 있다. SNS는 온라인에서 사용자들이 다양한 형태의 소셜 네트워크를 형성함으로써 상호 교류할 수 있도록 하는 서비스다. 사용자는 SNS를 통해 타인과 의사소통하거나 정보를 공유하게 되는데, 학습자의 참여를 높이고 심도 있고 활동적인 학습을 이끌 수 있다. 대표적인 SNS로 페이스북(Facebook)과 트위터(Twitter), 인스타그램(Instagram) 등이 있다. 이러한 SNS가 등장하면서 협력적 학습활동에 대한 가능성이 더욱 커지고 있다.

이와 같은 환경적 변화는 유비쿼터스 사회를 맞이하여 이른바 유러닝(ubiquitous learning 또는 u-Learning)이 주목받는 최근의 경향성을 잘 반영하는 현상으로 볼 수 있다. 따라서 사용자가 원하는 시간과 장소에서 타인과 교류·협력할 수 있는 SNS를 활용할 경우, 더욱 활발한 SNS 활용 교육이 일어날 수 있을 것으로 기대되고 있다. SNS를 활용한 학습에 대한 긍정적인 전망이 지속적으로 증대되는 가운데, 이를 구체적인 학습성과로 연결시키기 위해서는 학습자가 어떻게 효과적으로 메시지를 생산하도록 촉진할 것인가, 다양한 소셜 메시지를 어떻게 검증·보완·평가할 것인가 등과 관련된 꾸준한 논의가 필요하다.

2) 디지털 교과서

스마트미디어가 확산되면서 전자책(e-book)에 대한 관심이 높아졌다. 전자책의 시장 규모는 이미 종이책의 시장 규모를 초과한 상태이며, 이러한 추세는 지속될 것으로 전망되고 있다. 스마트폰의 이용이 확대되면서 전자책 시장에 대한 수요가 급속히 늘고 있다. 최근에 다양하고 활용도가 풍부한 애플리케이션의 개발이 활발히 진행되면서 스마트폰과 태블릿 PC의 활용이 높아지고 있다.

우리나라에서는 학교 수업을 위한 교과서를 디지털화된 형태로 적용하는 사업이 진행 중이다. 디지털 교과서의 적용 확대가 공식적으로 논의된 것은 2007년이다. 그 이후에 디지털 교과서는 다양한 교과 영역에서 개발·적용되고 있으며, 학교현장에서의 적용 효과성에 대한 연구가 대단위로 진행되었다. 디지털 교과서를 학교 수업에 적용하는 것은 교과서의 형태뿐만 아니라 교실 수업을 크게 변화시킬 수 있는 문제이기 때문에 교육적인 측면에서 적지 않은 주목을 받고 있다.

최근의 디지털 교과서는 기존의 서책형 교과서에 낱말 풀이를 담은 용어사전, 부가적인 사진이나 동영상, 애니메이션 등의 멀티미디어 자료, 가상현실과 증강현실로 구현되는 실감형 콘텐츠 등을 제공하고 있다. 디지털 교과서는 PC뿐만 아니라 태블릿 PC, 스마트폰 등의 기기에서 활용할 수 있어서 교실환경에 따라 개별학습, 협동학습, 교사의 수업자료 등 다양한 방식으로 활용할 수 있다. 또한 평가 문항, 보충·심화 학습 내용 등의 학습자료를 제공하고, 학급 단위의 소셜 네트워크 서비스 및 학습지원과 관리의 기능을 부가적으로 제공하고 있어서 가정학습과 연계할 수 있다.

3) 스마트러닝

스마트러닝에 대한 관심도 높아지고 있으며 다양하고 새로운 디지털 학습환경이 구성되고 있다. 노경희 등(2011)은 "스마트러닝은 학습자 역량을 위한 지능형 맞춤 학습 서비스"라고 규정하였다. 이영희와 이효재(2019)는 스마트러닝의 개념을 두 가지의 관점으로 정리하였다. 미시적 관점에서 스마트러닝은 스마트기기를 활용한 교육의 형태라고 보았고, 거시적 관점에서는 교사와 학습자의 상호작용을 촉진하고, 시간과 공간의 제약을 받지 않고 학습자가 자기주도적으로 학습할 수 있게 하는 교육의 패러다임이라고 해석하였다.

스마트기기는 직관적인 설계와 간단한 터치로 조작이 가능하고, 학습자가 필요한 애플리케이션을 설치할 수 있는 장점을 지니고 있다. 또한 시간과 공간의 제약을 벗어난 상호작용을 가능하게 하기 때문에 협력학습에 용이하고, 학습자가 필요한 정보를 즉시 찾아서 다른 학습자와 공유할 수 있다(황사연, 안대천, 권영진, 2018). 이처럼 스마트기기를 활용한 학습의 형태인 스마트러닝은 지능적이고 몰입감이 증대된 적응적 학습형태를 지향하고 있다고 결론내릴 수 있다. 스마트러닝의 특징인 '지능적 학습'은 기계가 인간과 같이 고도의 기능을 갖추는 것을 뜻하고, '적응적 학습'은 학습자 개개인의 특성과 요구에 맞춘 개별학습이나 맞춤형 학습을 의미한다. 이러한 학습방법은 학습자의 학습 참여와 몰입을 높일 수 있다. 특히 스마트폰이나 태블릿 PC를 활용한 협력학습이나 SNS를 통한 학습 커뮤니티는 스마트러닝의 핵심요소라고 볼 수 있다(홍예윤, 임연욱, 2018).

4) 마이크로러닝

마이크로러닝(micro-learning)은 학습자가 여유시간에 학습하고자 하는 짧은 단위의 콘텐츠를 사용하여 언제 어디에서든지 학습할 수 있는 새로운 학습방법이다(주영진, 2017). 학습자에게 꼭 필요한 정보만 간단하게 담아 전달하는 콘텐츠를 마이크로 콘텐츠(micro contents)라고 하는데, 비디오나 게임, 퀴즈 등 다양한 양식으로 구성된 마이크로 콘텐츠는 학습자에게 정보를 효율적으로 전달하는 수단이다. 일반적으로 이러한 마이크로 콘텐츠를 활용한 모든 짧은 학습을 마이크로러닝이라고 한다(Hug, 2012).

마이크로러닝은 다음과 같은 세 가지의 특징을 지니고 있다. 첫째, 하나의 주제를 가진 작은 단위의 콘텐츠를 활용하여 학습한다. 다양한 문제 상황을 해결하기 위해 학습자는 많은 정보를 습득해야 하지만, 오늘날 학습자의 주의집중 시간은 점점 짧아지고 있다(Shatto & Ruiz, 2018). 따라서 학습자가 필요한 콘텐츠에 즉시 접근할 수 있도록 구체적인 콘텐츠를 풍부하게 제공해야 하고, 콘텐츠의 크기는 3분 이내로 구성하여 최대 8분을 넘기지 않도록 하며 단일 주제의 에피소드나 클립을 제공하는 것이 중요하다(홍정표, 2018).

둘째, 누구나 학습콘텐츠를 제작하고 공유할 수 있다. 콘텐츠의 제작 방법이 간단하고, 제작 비용도 적게 들며, 콘텐츠의 편집과 수정이 쉽기 때문에 지식을 공유하고 싶은 사람은 누구나 자유롭게 콘텐츠를 설계하고, 제작하여 공유할 수 있다(Buchem & Hamelmann, 2010). 이러한 특징은 비형식 학습의 요소와 유사한 특징을 갖고 있다.

셋째, 하나의 콘텐츠를 다양한 기기와 플랫폼에 적용할 수 있어서 여러 환경에서 학습이 가능하다(소효정, 이혜란, 2017; 홍정표, 2018). 이처럼 마이크로러닝은 학습 콘텐츠의 양과 시간을 줄여서 학습자들이 짧은 시간 동안에 비교적 쉽게 학습할 수 있고, 개별학습이 가능하다. 또한 다양한 플랫폼을 적용하기 때문에 학습자가 원하는 장소에서 학습할 수 있어서 여러 분야에서 활용할 수 있다. 이러한 마이크로러닝은 학교교육, 기업교육, 평생교육 등의 분야에서 고루 활용되고 있다.

3. 실감미디어

실감미디어(immersive media)는 사용자의 실재감(presence)과 몰입감(immersion)을 최대로 높이기 위해 인간의 오감과 감성 정보를 제공하여 사용자의 미디어 체험 만족도를 높이는 차세대 미디어를 의미한다(심태섭, 유수

빈, 신상호, 2017). 실재감은 사용자가 자신이 마치 가상의 환경 안에 존재한다고 느끼는 것으로, 이러한 실재감이 높을수록 사용자는 콘텐츠에 대해 더욱 긍정적으로 지각한다고 보고 있다(한광석, 2019). 이처럼 사용자는 실감미디어를 통해 실제와 유사한 경험을 할 수 있게 된다. 대표적인 실감미디어 기술에는 증강현실(Augmented Reality: AR)과 가상현실(Virtual Reality: VR)이 있다.

1) 증강현실

증강현실은 사용자가 보고 있는 현실장면에 디지털로 구현된 특정한 정보를 가진 가상의 객체를 결합하여 제공함으로써 사용자에게 높은 수준의 실재감과 몰입감을 제공하는 인터페이스 기술이다(이창윤, 박철규, 홍훈기, 2019). 증강현실 기법은 실제 보이는 장면에 부가적인 그래픽 자료를 합성해 줌으로써 실시간으로 사용자와 상호작용을 가능하게 하고, 맥락적 학습경험을 제공할 수 있다. 또한 증강현실은 사용자에게 시각적이고 청각적인 정보를 제공하여 사용자의 감각을 확장시킴으로써 사용자의 실재감과 몰입감을 유발할 수 있다(조희인, 2018). 이러한 증강현실은 의료, 기술, 건축, 교육 등 다양한 분야에서 활용되고 있다.

[그림 8-2]는 마커를 활용해서 증강현실을 구현한 학습장면으로, 태블릿의 카메라를 사용해서 학습자료를 인식하는 방식이다. 이런 마커(marker) 기반의 증강현실이 가장 보편적으로 많이 활용되고 있다. 그 밖에도 증강현실을 구현하는 방법으로는 GPS 기반 증강현실, 투과형(see-through) 디스플레이 기반 증강현실 등이 있다. 마커 기반 증강현실은 그래픽 증강 정보를 담고 있는 마커를 카메라로 인식하였을 때 증강된 정보를 제공하는 방식으로 정확한 정보를 제공한다는 장점이 있다. GPS 기반 증강현실은 모바일에 내장된 GPS를 통해 수집된 위치 정보를 기반으로 증강 정보를 제공하는 형태다. 길찾기나 광고 등에서 활용되고 있다. 투과형 디스플레이 기반 증강현실은 실

[그림 8-2] 증강현실의 학습활용 장면

제 세계에 가상의 정보를 실시간으로 결합하여 사용자와 상호작용할 수 있도록 만드는 기술이다. 이 방법은 증강현실의 장점을 기술적으로 가장 잘 구현한 방식으로 알려져 있다(한송이, 2019).

　증강현실을 교육에 활용하였을 때 다음과 같은 장점을 기대할 수 있다. 첫째, 증강현실을 통해 부가적으로 제공된 정보는 학습자에게 더 높은 실재감을 제공하고, 이러한 실재감 증진은 학습자의 몰입감을 높여 과제수행에 긍정적인 영향을 줄 수 있다(나소미, 이영주, 2016). 학습자에게 현실 세계에 대한 부가적인 정보를 제공해 줌으로써 학습자는 관찰하고 있는 장면에 대해서 더욱 주의집중할 수 있고, 흥미로운 학습을 할 수 있게 된다. 둘째, 증강현실은 학습자에게 조작 경험을 제공할 수 있다. 학습자는 가상의 학습객체를 조삭하면서 학습자료와 직접적으로 상호작용할 수 있어 능동적인 학습이 가능해진다(이유광, 2018). 이러한 조작경험을 통해 학습자는 학습맥락을 더욱 이해할 수 있고, 학습장면에 더 깊이 몰입할 수 있다(이지수, 2009). 셋째, 증강현실 학습자료를 활용한 협력학습이 가능하다. 학습자는 태블릿 PC나 스마트폰을 활용하여 증강현실 학습자료를 공유할 수 있으므로 이를 활용하여 협력학습을 할 수 있다(박병준, 백영태, 박승보, 2014). 증강현실 학습자료를 통한 협력학습으로 학습자는 공동의 지식을 생성하고, 협력적 기술을 함양할 수 있다(한정선, 김동식, 2009).

2) 가상현실

　가상현실은 컴퓨터를 활용해서 어떤 장면이나 상황을 실재하고 있는 것과 같이 구현하는 기술을 의미한다. 이는 컴퓨터로 특정 환경이나 상황을 구성 해서 사용자가 실제 주변 환경이나 상황과 상호작용하는 것처럼 만들어 주는 인터페이스 기술이다(신주용, 2019). 가상현실은 제2차 세계대전 이후에 미국 에서 비행 시뮬레이터 산업을 위해 시작된 이래로 현재에는 의학, 로봇학, 정 신의학, 통신장비 등의 다양한 분야에서 널리 사용되고 있다. 이러한 가상현 실은 실감형 장치를 활용한 몰입형 가상현실과 입체안경이나 조이스틱을 활 용한 비몰입형 가상현실로 분류할 수 있다(안소현, 2018).

　실감형 장치가 연결된 가상현실은 학습자에게 생생한 현장감을 제공하 기 위해서 구현된 학습환경을 의미한다(Crespo, Garcia, & Quiroz, 2015; Davis, 2015). 머리 착용 디스플레이(Head Mounted Display: HMD)를 적용한 환경은

[그림 8-3] 가상현실 기반의 수업시뮬레이션

사용자의 시야를 완전히 몰입환경으로 감싸기 때문에 학습자의 실재감이나 몰입감이 매우 높다. [그림 8-3]은 HMD를 착용하고 가상학생과 상호작용하면서 수업에서 발생할 수 있는 문제 상황을 대처하는 시뮬레이션 장면이다. HMD를 착용한 사용자가 가상현실에 구현된 가상학생과 대화를 하면서 다양한 시뮬레이션 경험을 하는 방식이다. 이런 기술을 적용함으로써 학습자는 훨씬 높은 몰입과 상황 인식을 경험할 수 있다.

　이러한 학습환경은 학습자가 학습활동에 개입하는 것을 촉진하고 학습활동에 더욱 몰입하게 만든다. 가상현실 기반 학습환경에서 높은 몰입감을 지각하게 되는 것은 실제의 움직임과 가상공간에서의 움직임이 일치해서 반응하기 때문이다. [그림 8-4]에서 보는 바와 같이, 사용자의 움직임은 가상현실 속에서 동일한 방식으로 일어난다. 이와 같이 가상현실이 성공적으로 적용되기 위해서는 학습자의 몰입감이 중요한 요인이 된다. 이러한 가상현실을 교육에 적용하면 학습자의 높은 몰입도를 이끌어 내어 학습에 긍정적인 영향을 미치기 때문에 다양한 교육용 가상현실 콘텐츠가 개발되고 있다(Choi & Won, 2017). 특히 가상현실은 물리적 맥락을 비롯하여 사회문화적 맥락을 효과적으로 구현할 수 있기 때문에 상황학습에 효과적이다(성진규, 2019). 가상현실을 학습환경에 적용하면 사실적인 상황을 만들어 생생한 체험을 할 수 있기 때문에 시뮬레이션 훈련 체제에서 많이 사용된다(Schrader & Bastiaens,

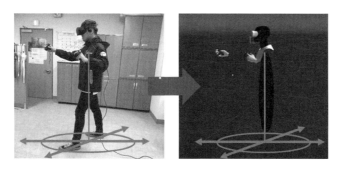

[그림 8-4] 현실세계와 가상현실에서의 동작 구현 원리

2012). 가상현실 기반의 시뮬레이션을 사용하여 안전한 환경에서 반복적으로 학습활동을 지속할 수 있으므로 특정한 기술이나 지식을 효과적으로 숙달할 수 있다(Wood, Beckmann, & Birney, 2009). 이처럼 가상현실 기반의 시뮬레이션을 적용하면 학습 실패에 따른 위험 부담이 적고, 학습자의 학습이력이나 전문성의 정도에 따라 개별화된 조건을 적용하여 새로운 규칙을 학습하거나 발견할 수 있다는 장점이 있다.

3) 메타버스

메타버스(metaverse)는 가상공간과 현실세계를 연결하는 새로운 가상공간을 의미한다. 이러한 메타버스의 특징을 교육적으로 활용할 수 있는 방안에 대한 논의가 활발하게 전개되고 있다. 교수학습적인 관점에서 봤을 때, 메타버스는 아바타를 기반으로 사회적 상호작용이 가능한 3차원 가상환경으로 정의할 수 있다. 메타버스의 교육적인 장점은 가상세계의 참여자끼리 사회적 상호작용을 하면서 몰입감 높은 학습경험을 체험할 수 있다는 것이다. 메타버스를 학습환경에 활용하기 위한 특징을 살펴보면, 세 가지로 볼 수 있다 (임태형, 양은별, 김국현, 류지헌, 2021).

첫째, 아바타를 사용한 사회적 상호작용이 가능하다는 점이다. 기존 원격교육에서는 학습자의 사회적 상호작용을 촉진하기 어려웠다. 그러나 메타버스에서는 아바타를 활용함으로써 학습자의 공간이동 및 의사소통이 활발해진다. 이를 통해서 학습자의 사회적 상호작용이 촉진될 수 있다. 원격교육 환경에서 실재감은 긍정적인 영향을 미치는 요인으로 실재감이 높을수록 학습자의 활동참여와 동기 수준이 높아진다(모수경, 2021).

둘째, 아바타를 사용한 비언어적 의사소통은 정서적 교감을 촉진하므로 사회적 실재감을 더욱 높일 수 있다. VR 기반의 수업과 일반 교실수업을 비교했을 때, VR 기반의 수업에서 정서적인 교감이 3.75배 높다는 연구결과를 확인할 수 있다(Likens & Mower, 2022).

셋째, 가상현실 기반의 메타버스에서는 지식기반 학습보다는 입체적인 학습공간과 3D 학습자료를 활용한 관찰과 수행중심의 학습이 가능하다. 메타버스를 활용함으로써 가상공간에서의 활동이나 입체적인 공간이동이 가능하다. 이런 새로운 학습환경을 통해 원격교육에서도 활동 중심의 수업을 할수 있다. 메타버스의 이러한 환경적인 특징을 교수학습에 적용한다면, 학습활동 자체에 대한 촉진 및 증진요인을 차별화할 수 있을 것이며 이를 통해 원격교육에서 다양한 긍정적인 요인을 기대할 수 있다.

4. 에듀테크 기반의 수업모형

에듀테크는 교육공학 이론을 바탕으로 기술공학을 활용한 교육서비스를 의미한다. 이런 동향을 반영해서 학교교육에서도 인공지능이나 실감미디어 등의 새로운 학습환경에 대한 적용 방법 등이 논의되고 있다. 여기에서는 이러닝이나 온라인 교육 플랫폼을 전제로 활용할 수 있는 수업모형인 게이미피케이션과 플립드러닝에 대해서 알아볼 것이다. 이 수업모형은 이러닝을 기반으로 발전했으며, 에듀테크 기반의 수업에서도 충분히 활용될 수 있다.

1) 게이미피케이션

(1) 개요

게이미피케이션(gamification)은 닉 펠링(Nick Pelling)이 최초로 사용한 용어다. 게임이 아닌 분야에 게임의 요소나 게임의 디자인적 사고를 적용하는 것을 말한다. 게임에 참여자를 자발적으로 몰입하게 만드는 요인이 무엇인가에 관심을 두고, 게임에서 사용되는 요소를 다른 분야에도 적용하여 해당 분야의 참여자들도 내적 동기에 의해 그 분야에 몰입하게 하고자 최근 다양한 분야에서 활용되고 있다. 사람들을 게임에 몰입하게 하는 요소가 무엇인가 하는 부분에 초점을 두고, 게임의 주요 요소를 각각 다른 산업에 가져다 적용해서 사람들의 몰입과 흥미 유도를 통해 달성하고자 하는 목표에 도달하게 하는 것이 게이미피케이션이다.

(2) 교수원리

게이미피케이션을 설계하기 위해서는 다음의 네 가지 원칙을 적용해야 한다([그림 8-5] 참조).

첫째, 명확한 목표와 규칙이 있어야 한다. 많은 교육이나 현실의 상황에서는 목표가 불분명하여 사람들이 몰입하여 어떤 일을 집중적으로 수행하는 힘이 약하지만, 게임에서는 명확하게 달성해야 하는 목표가 있어서 참여자가 그토록 몰입하여 게임에 임한다고 볼 수 있다. 그러므로 게임의 대표적인 구성요소인 분명한 목표와 정확한 규칙이 게이미피케이션을 설계할 때 대표적인 원칙이다.

둘째, 맥락을 반영한 이야기가 있어야 한다. 게임에서 참여자에게 지속적으로 수행할 과제만 준다면 그 역시 매우 재미가 없고 해야 하는 일처럼 여겨질 것이다. 그런데 게임은 이야기를 중심으로 전개된다. 즉, 사건의 흐름이

[그림 8-5] 게이미피케이션의 교수원리

있다. 무엇이 일어나면 그다음에 또 어떤 목적으로 어떤 과업이 주어지고 하는 식의 이야기의 흐름으로 가져갈 수 있다. 이야기가 게이미피케이션에서 중요한 이유는 이야기가 현실과 비슷한 맥락적 흐름을 주어 참여자에게 더욱 실제적인 느낌을 받게 하여 게임에 더 흥미를 느끼고 몰입하게 만들기 때문이다. 최근 많은 교육 현장에서 스토리텔링이라는 말을 자주 사용하고 그 중요성을 강조되는데, 이야기는 현실의 맥락을 반영한 것이므로 보다 실제감을 느끼게 하고 학습 동기의 원천이 되기 때문이다.

셋째, 지속적으로 과제를 제시해야 한다. 게임에서는 참여자에게 지속적으로 활동하게 하고 문제를 해결하게 한다. 이것이 과제다. 이때 과제의 수준은 참여자에게 약간의 도전의식을 느낄 수 있는 정도의 수준의 것이 좋다. 너무 쉽거나 어려워서 흥미를 못 느끼도록 만드는 것은 좋은 과제가 아니다.

넷째, 즉각적인 피드백을 제공해 주어야 한다. 어떠한 활동을 할 과제를 제시하고 그 활동의 결과가 어떠한지에 대해 피드백을 하지 않는다면, 참여자는 흥미를 읽고 재시도를 하지 않을 것이다. 왜냐하면, 자신이 한 행동에 대해 어떠한 반응을 못 얻었기 때문에 활동할 가치를 못 느끼기 때문이다. 그러므로 게이미피케이션에서는 참여자의 활동을 유도하는 과제를 제시하고 반드시 즉각적인 피드백을 제공해야 한다.

(3) 교수학습전략

수업에 게임의 요소를 가져와 수업을 설계하고 학습을 촉진하기 위해서는

표 8-1 ▌게이미피케이션의 운영 및 수행의 구성 요소

	구성 요소
운영 측면의 요소	아바타, 포인트, 관리, 배지, 리드 보드, 공동체, 보상 등 (게임을 유지 및 관리하게 하는 시스템적 요소)
과제 수행 측면의 요소	목표 수행, 이야기, 과제, 장애물, 레벨, 협력과 경쟁, 시간제한 등 (게임을 통해 수행하고자 하는 활동을 위한 요소)

앞서 제시한 가장 기본적 게임의 설계 요소 이외에도 다양한 게임의 요소를 활용하여 수업을 설계하면 된다. 게임에는 〈표 8-1〉은 게이미피케이션 기반의 수업에 필요한 교수학습적인 구성요인을 정리한 것이다.

① 운영 측면

게이미피케이션을 원활하게 운영하기 위해서는 수업활동과 관련된 규칙을 잘 따를 수 있도록 해야 한다. 규칙을 통해서 적당한 수준의 경쟁을 유발해서 수업활동에 대해서 자연스럽게 참여할 수 있도록 만들어 줘야 한다. 또한 게임 활동 후에는 학습활동에 대한 성찰을 위한 기록 시스템이나 사용경험을 공유할 수 있도록 해 줘야 한다. 게이미피케이션을 통한 수업을 효과적으로 운영하기 위해서는 게임에서 자주 활용되는 레벨을 활용할 필요가 있다. 학습자가 일정 단계에 도달하거나, 그다음 단계로 이동하거나 하는 식의 학업성취를 보이는 그때마다 그 수준에 맞는 보상을 할 필요가 있다. 게이미피케이션을 운영하기 위해서는 학습자의 활동을 점수로 전환하는 시스템(리드보드)을 적용해야 한다. 학습 과제 수행을 잘해도 포인트를 제공하고, 수업 규칙을 잘 따라도 포인트를 제공하고 하는 식으로 수업의 여러 방면에서 학습자들을 움직이게 하는 것이 중요하다. 그 밖에도 아바타를 활용한 역할부여 및 상호작용 촉진도 중요하다.

② 과제수행 측면

게이미피케이션에서는 학습목표가 명확하게 제시되어야 한다. 목표를 수립해서 그것을 달성하기 위한 과정이 중요하기 때문이다. 그리고 목표달성이 이루어지면 보상 차원에서 포인트나 배지를 제공하고, 물리적인 목표달성을 확인시켜 줘야 한다. 학습자를 수업에 몰입하게 하는 요소 중 하나는 나와 관련 있는 일인가 하는 부분이다. 그리고 그것이 나의 관심을 끌만큼 재미가 있는가다. 게임에서는 이야기가 이런 부분을 담당한다. 막연하게 그냥 문제해결을 하는 것이 아니라, 이야기 속에서 문제를 제시하고, 학습자는 그 이야기의 주인공이 되어 문제를 해결하는 것이다.

게임에서 어떤 문제가 주어졌을 때, 그것을 해결할 방법은 한 가지가 아니다. 참여자는 수많은 해결책 중 자신이 원하는 방식대로 문제를 해결해 나간다. 하나의 답만 존재하는 것이 아닌 참여자가 원하는 대로 방법을 고르고 해결책을 찾을 수 있다는 점이 게임의 매력이다. 수업에서도 이와 같이 다양한 방법으로 해결할 수 있는 과제를 제시하는 것이 좋다.

그 밖에도 과제 난이도의 다변화 및 도전감 있는 과제의 제공 등을 고려해야 한다. 너무 쉽게 과제를 완성할 수 있다면 동기 수준을 낮출 수도 있다. 게임이 흥미로운 이유 중 하나는 과업 수행의 과정이 너무 뻔하거나 쉽지 않고 적절한 도전감을 주기 때문이다. 될 듯하면서 쉽게 되지 않는 과정에서 학습자들은 재도전의 욕구를 느끼며, 더욱 흥미롭게 게임에 몰입하게 된다. 학습에서도 이러한 적절한 수준의 장애물이 필요하다. 과제를 제시할 때 학습자에게 너무 쉽고 뻔한 과제를 주면 흥미를 잃어버리기 쉽다.

게임에 학습자들이 몰입하는 이유 중 하나는 자신들이 한 반응에 대해 즉각적으로 피드백이 주어지기 때문이다. 잘못된 수행을 하면 점수가 깎이거나 위험에 처하는 등의 부정적 피드백이 주어지고, 기대되는 바람직한 수행을 하게 되면 포인트가 레벨이 올라가거나 시각적으로 유쾌한 자극이 주어지는 등의 정적 피드백이 주어진다. 게임에서는 이러한 피드백이 게임 참여자의 수행이 일어난 직후에 조금의 지연도 없이 바로 주어진다. 이처럼 수행에 대한 피드백은 최대한 빠를수록 효과가 크다.

2) 플립드러닝

(1) 개요

플립드러닝에서 플립드(filpped)이라는 것은 뒤집어졌다는 의미인데, 이는 단순히 기존 수업의 순서(본 수업 이후에 과제 수행)가 과제를 먼저하고 본 수업에 임하는 것으로 바뀌었음을 의미하는 것이 아니다. 플립드러닝에서 뒤집어졌다는 것은 기존의 교수자 중심의 교육을 학습자 중심의 교육으로 전환하자는, 즉 교수학습 패러다임의 변화를 의미한다. 학습자 중심의 교육 패러다임에서는 학습에서 지식을 단순히 이해하고 암기하는 수준 이상의 지식전이를 강조하고, 학습과정에서 학습자의 능동적이며 자기주도적인 참여를 강조하며 학습결과뿐만 아니라 학습의 과정 또한 평가에 반영할 것을 강조한다.

(2) 교수원리

교육현장에서는 플립드러닝이라는 이름의 학습자 중심 교수학습 패러다임은 하나의 수업모형으로 그 틀이 잡혀 가고 있는 추세다. 가장 기본적인 플립드러닝 수업모형은 [그림 8-6]처럼 학습자 주도적인 사전 예습 활동(수업 전 활동)이 먼저 진행되고, 그 이후에 본 수업의 형태로 이루어진다. 사전 자기주도학습활동은 앞으로 수업에서 배울 핵심적인 내용을 학습자가 사전 예습을 하는 단계다. 사전 예습 활동은 다양한 형태로 이루어질 수 있지만, 가

[그림 8-6] 플립드러닝의 교수원리

장 보편적으로는 온라인 강의 영상이 많이 활용된다. 이 과정에서 학습자들은 컴퓨터 기반 학습환경에서 교수자가 미리 준비해 둔 학습자료를 통해 자기주도적으로 수업에서 다룰 내용을 예습할 수 있다.

학습자들이 예습 활동을 충실히 하고 오면, 본 교실 수업에서는 예습한 내용을 토대로 수업 주제에 대해 더욱 심화된 학습활동을 한다. 이는 기존의 수업이 핵심내용을 전달하고 이를 이해하고 기억하는 데만 머물러 실제로 그 지식을 적용하고 활용하는 고차원적 사고활동은 많이 하지 못했던 부분을 보완하기 위함이다. 그러므로 이 과정에서는 단순히 배울 내용을 교수자가 전달하고 지식을 전수하는 데 초점을 두는 것이 아니고, 예습에서 보고 온 주요 핵심내용을 실제의 문제에 적용하고 활용해 보는 학습자 중심 활동을 통하여 해당 주제에 대해 더욱 깊이 있는 이해와 활용을 가능하게 하는 데 초점을 둔다.

플립드러닝의 본 수업에서는 교수자가 주도하던 기존의 전통적 수업과는 달리 학습자가 참여하는 학습자 참여 활동 중심 수업활동이 주를 이룬다. 학습내용에 대한 활동지 풀이, 문제해결과제 수행, 프로젝트형 과제 수행, 발표 및 토론, 동료 교수 활동 등이 동료 학습자들과 협력적 과정을 통해 이루어진다. 이 과정에서 교수자는 학습자 중심 학습활동을 조력하는 조력자가 된다.

(3) 교수학습전략

① 수업전 활동을 위한 전략

플립드러닝의 기본적인 수업모형은 사선 자기수도학습과 학습자 참여 활동 중심의 본 수업활동을 연계시키는 것이다. 이 과정에서 사전 예습 활동은 본 수업의 토대가 되어야 하므로, 사전 수업활동이 충실히 이루어져야 한다. 이를 위해서는 다음과 같은 구체적인 전략이 필요하다.

첫째, 동영상으로 예습자료를 제공하는 경우, 핵심 내용만 간명하게 제작하여 학습자들이 모두 예습을 잘해올 수 있도록 해야 한다. 그러므로 마이크로콘텐츠(작은 단위의 학습콘텐츠)가 필요하다. 둘째, 모든 학습자가 예습을 충실히 하도록 유인하는 다양한 방법을 활용한다. 예를 들어, 예습 여부를 평가에 반영하든지, 예습내용에 대한 짧은 퀴즈 및 과제를 제시하여 예습을 충실히 할 수 있는 교수전략을 활용하는 것 등이다. 예습이 충실이 이루어져야지만, 본 수업활동이 제대로 일어날 수 있으므로 다양한 교수전략을 통해 예습을 반드시 하도록 유도해야 한다.

② 수업 중 활동을 위한 전략

플립드러닝이 성공적으로 이루어지기 위해서 본 교실 수업에서는 수업단계별로 다음과 같은 교수 · 학습 전략이 필요하다. 수업의 도입 단계에서는 학습자들의 예습 상황을 분명히 확인해야 한다. 퀴즈나 질의응답 등을 통하여 예습에서의 중요한 내용을 확인하는 것이 중요하다. 대부분의 학습자가 예습이 충실히 이루어지지 않은 경우는 이에 대한 예습내용을 보완해야 본 수업이 성공적으로 이루어질 수 있다.

수업의 전개부에서는 예습한 내용을 보다 심화해서 학습할 수 있는 다양한 학습자 중심의 학습활동을 설계해야 한다. 무조건 학습자 참여 활동이나 협력학습만 한다고 플립드러닝이 아니고, 예습에서 배운 내용을 적용 · 종합 · 평가 · 창안하는 고차원적 학습활동을 만들어 학습자들이 그 과정을 통하여 예습한 내용을 더 깊이 있게 알도록 하는 데 초점을 두어야 한다.

수업의 정리부에서는 그날 배운 주요 내용을 정리하고, 성찰을 통하여 부족한 부분이나 수업의 핵심적인 부분을 더 정리하도록 한다. 그리고 수업의 정리부에서 주요 내용을 교수자의 미니 강의 형태로 다시 한번 짚어 주어도 좋다. 해당 수업에서 더 확장하고 싶은 내용을 추가적인 심화 과제로 제시할 수도 있다.

제9장

인공지능의 교육적 활용

학습 안내

●●● 이 장에서는 인공지능 시대를 맞이한 예비교사들이 필수적으로 알아야 할 내용을 다루고 있다. 인공지능 기술이 교육과 어떤 관련성이 있는지 자세하게 살펴볼 것이다. 1절에서는 인공지능 시대의 교육에 대해 개관한다. 2절에서는 인공지능 기술을 활용하여 이루어지는 다양한 교과수업 및 융합수업 사례를 공유한다. 3절에서는 수업설계의 측면에서 인공지능 기술을 조망한다. 적응적 학습의 구현기술로서의 인공지능, 개인 맞춤형 교육도구로서의 인공지능 기술, 그리고 교수설계 및 매체개발의 도구로서의 인공지능 기술을 살펴본다. 마지막으로 4절에서는 인공지능 교육에서 살펴볼 윤리 문제에 대해 논의해 보고자 한다.

핵심내용

01 **인공지능 교육의 단계**
인공지능 교육의 개념을 설명할 수 있다.

02 **AI 활용 수업**
인공지능 교육의 유형 및 내용구조를 이해하고 수업 적용방법을 제시할 수 있다.

03 **인공지능과 수업설계**
인공지능과 수업의 관계를 설명하는 다양한 관점을 이해할 수 있다.

04 **인공지능과 윤리**
인공지능을 교육에 적용할 때 고려해야 할 윤리적인 쟁점을 설명할 수 있다.

1. 인공지능 교육의 단계

2016년 3월, 프로 바둑기사 이세돌과 구글 딥마인드의 인공지능 알파고(Alpha GO)의 대결은 인공지능 시대의 도래를 알리는 역사적인 이벤트였다. 이 사건 이후 2017년부터 전 세계의 각 국가는 앞다투어 인공지능 국가 전략을 발표했으며, 인공지능 인재 육성을 최우선 과제로 삼고 있다.

우리가 흔히 주위에서 접할 수 있는 얼굴 인식, 챗봇, 자율주행, 음성비서, 쇼핑목록 추천 등 모든 분야가 인공지능 알고리즘으로 작동되며 우리의 삶을 빠르게 변화시키고 있다. 예비교사가 학교 현장에서 맞이하게 될 미래의 학생들은 인공지능 네이티브(AI Natives)로서 인공지능 기술과 함께 성장한 세대다.

현재의 교육부는 초중등 공교육 시스템을 통해 전 국민이 인공지능 소양을 갖출 수 있도록 여러 교육 정책을 추진하고 있다. 이런 정책은 학교급에 따라서 차별화되고 있다. 초등교육에서는 소프트웨어(SW) 교육을 통해 인공지능 부분을 강조하며, 중등교육에서는 교과교육을 통해 모든 교사가 인공지능에 대한 역량을 기를 수 있도록 전문교사 양성 정책 등을 시행하고 있다. 이러한 시대적 흐름에 비추어 보았을 때, 예비교사들은 앞으로 인공지능 교육에 대한 기본적인 소양을 갖추어야 한다. 인공지능 교육내용을 구분할 때, AI 이해 교육, AI 활용 교육, AI 가치 교육으로 구분한다(한선관, 류미영, 김태령, 2021).

첫째, AI 이해 교육은 인공지능이 무엇(WHAT)인지 이해하는 교육이다. 인공지능에 대한 지식 분야로 기초적인 소양 교육에 해당한다. 이 분야는 흔히 초중등 교육 분야에서 소프트웨어(SW) 교과, 정보교과 등에 해당한다. 고등교육 분야에서는 컴퓨터과학 전공 교육에 해당한다고 볼 수 있다. 인공지능의 개념, 역사, 알고리즘 구조 등을 이해하는 지식 분야, 알고리즘 코딩을 직접 구현하고 다뤄 보는 기능 분야, 인공지능의 사회적 영향력 및 윤리에 초점을 두는 태도 분야로 구분된다.

둘째, AI 활용 교육은 인공지능을 활용(HOW)하는 것에 목적을 두는데, 즉 어떤 교육 목적 달성을 위한 '도구'로서 인공지능을 활용하는 것이다. 대표적인 형태로 국어, 영어, 수학, 과학, 음악 같은 교과교육 분야에서 인공지능을 도구적으로 활용하는 것이 있으며 쉬운 예로는 인공지능 스피커를 활용한 영어 회화 수업을 들 수 있다. 또한, 대학수업에서 인공지능을 활용한 산업문제 해결 프로젝트 등의 교육도 AI 활용 교육에 해당한다. 많은 인공지능 융합학과에서는 인공지능 기술을 도구로 활용하여 금융, 산업, 의료 등의 분야의 문제를 해결하는 것을 목적으로 삼는다. 더불어 인공지능 기술을 활용하여 교육환경을 개선하는 등의 분야도 활용 교육에 해당한다.

셋째, AI 가치 교육은 인공지능을 바라보는 교육이며 왜 인공지능을 배워야 하는가(WHY)에 해당한다. 인공지능 기술이 가져올 사회의 변화와 혼란, 갈등에 대해 살펴보며 인공지능 윤리에 대해 다룬다. 이는 인공지능 이해 교육의 태도 분야가 보다 확장된 형태다. 이해 교육의 태도 분야가 단순히 인공지능의 사회적 영향력이나 윤리 등을 다루고 있다면, AI 가치 교육은 산업 분야별 AI 윤리 이슈뿐만 아니라, 인공지능의 인간중심성, 책임성, 투명성, 개인정보보호, 공정성, 안정성, 신뢰성 등에 대해 깊게 다루는 분야다.

초등 예비교사가 AI 이해 교육에 초점을 두어야 한다면, 중등 예비교사는 AI 활용 교육에 초점을 두는 것이 바람직하다. 각 교과 수업에서 인공지능은 '수업도구'로서 활용되고 있다. 인공지능 스피커를 활용한 영어수업, 인공지능 작곡 툴을 활용한 음악수업, 인공지능 화가 툴을 활용한 미술 수업, 인공지능 기반의 수학문제풀이 모바일 앱 등의 사례는 이미 많은 선행 사례가 발표되고 있다. 또한 교과교육 분야뿐만 아니라, 교수설계 및 매체개발 분야에서도 인공지능 소프트웨어를 활용한 동영상 콘텐츠 개발 등은 이제 기본 소양이 되고 있다.

2. AI 활용 수업

1) AI 활용 교육의 유형

인공지능 교육을 효과적으로 구분하기 위해서 활용 목적에 따라 네 가지 유형으로 나눠 볼 수 있다(한선관, 류미영, 김태령, 2021). [그림 9-1]은 AI 활용 교육의 유형을 구분해서 제시하고 있다.

첫째, AI 교과 활용 교육은 AI 기술을 활용하여 교과의 학습목표, 학업성취를 효과적으로 달성하도록 돕는 유형이다. AI를 적용해서 타 교과교육이 갖고 있는 학습목표를 효과적으로 달성하기 위해 인공지능을 도구로 사용하는 것이다. 예를 들어, 인공지능 스피커를 활용한 영어회화 수업을 들 수 있다.

둘째, AI 융합 교육은 사회 문제를 해결하기 위해 학문 혹은 산업 분야에 인공지능을 적용해 보는 과정을 통해 학습자의 문제해결력을 신장하는 데 목표를 두는 유형이다. 예를 들어, 인공지능 기반의 얼굴표정인식 기술을 적용하여, 졸음이 오는 표정을 분석해 내고, 운전자에게 위험 알림을 주는 시스템을 구현하는 것이다. 보통 프로젝트 기반 수업이나 문제 기반 수업의 형태로 진행되며, STEAM 교육, 메이커 교육, 캡스톤 디자인 등이 이런 유형이다.

셋째, AI 기반 교육은 교수학습 과정에 인공지능을 도구로 활용하는 분야

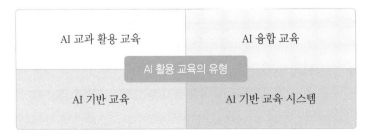

[그림 9-1] AI 활용 교육의 유형

다. 학습자 분석, 수업 준비, 매체 개발, 학습평가, 학급관리 등에 다양하게 적용이 될 수 있다. 이러한 유형은 구체적인 수업상황에서의 적용을 위한 것이다. 다양한 AI기반의 도구를 적용한 수업사례가 제시되고 있다.

넷째, AI 기반 교육 시스템은 거시적인 관점에서 학교 관리자, 교육정책 입안자 등을 위한 분야다. 인공지능 얼굴인식을 통한 자동 출결 시스템 관리, 학교 내 스마트 감시 카메라를 통한 위험요소 감지 및 대응 등 다양한 사례가 존재할 수 있다. 사교육 시장에서는 이미 인공지능 기반의 학습관리시스템이 많이 활용되고 있으며, 태블릿 PC로 수업을 듣는 학습자의 얼굴을 인식하여 학습집중도를 분석하는 기술은 이미 상용화가 되어 있다.

2) 인공지능 교육의 내용 요소

인공지능 교육의 내용을 학교급과 영역단위로 구분해서 살펴보면, 공교육 분야에서 인공지능이 어떻게 적용되고 있는가를 확인할 수 있다. 인공지능 교육의 기본적인 방향은 인공지능에 대한 올바른 태도를 형성하고 인공지능을 활용한 창의적인 문제해결을 촉진시키는 것이다. 이를 바탕으로 한 초중고 학교급별 인공지능 교육의 목표는 다음과 같다.

- 초등학교: 인공지능의 기능과 원리를 놀이와 교육용 도구를 통해 체험하고, 자신의 주변에서 인공지능 기술이 적용된 사례를 탐색하고 활용할 수 있다.
- 중학교: 인공지능 기술 발전의 원동력이 되는 데이터의 가치와 인공지능 기술의 원리를 이해하고, 실생활 문제를 해결하는 능력을 함양한다.
- 고등학교: '인공지능 기초'의 내용을 바탕으로, 심화된 내용의 인공지능 개념과 알고리즘을 이해하고, 인공지능 기술을 응용하여 문제를 해결할 수 있는 역량을 기른다.

초등교육은 1~4학년과 5~6학년을 구분해서 내용적인 차별성을 두고 있다. 또한 고등학교도 기초와 심화로 구분해서 인공지능에 대한 이해를 심화시킬 수 있도록 하고 있다.

3) 학교교육과 챗GPT의 활용

(1) 일반적인 특징

챗GPT는 OpenAI사에서 개발한 대화형 인공지능 서비스다. 단순반복적이거나 요약자료 등의 정보를 생성할 때 매우 유용한 도구다. 챗GPT 활용 업무효율에 대한 가이드를 보면, 보고서 작성이나 새로운 아이디어 탐색, 특정 대상에 적합한 어조의 변환, 요약 및 번역, 표의 해석 등의 작업을 상당히 잘 처리하는 것으로 알려져 있다. 광범위한 자료를 빠르게 조직화하거나 관계성 등을 파악하는 기능이 탁월하며, 자료의 요약 및 비교 등을 빠르게 완료할 수 있어 업무효율성을 높이는 데 효과적이다.

(2) 챗GPT 사용의 주의사항

챗GPT를 사용할 때는 질문 응답을 통해서 필요한 정보를 제공받을 수 있다. 이와 같이 챗GPT에게 입력하는 대화문을 프롬프트(prompt)라고 한다. 사용자가 프롬프트를 통해서 질문을 하면, 챗GPT가 응답하는 방식으로 진행된다. 그런데 챗GPT를 사용하려면 다음과 같은 세 가지 사항에 주의해야 한다.

첫째, 챗GPT의 프롬프트에 구체적인 활용조건 등을 충분히 제공해야 한다. 챗GPT가 생성한 자료를 어떤 목적으로 활용하며 누구를 대상으로 하고 있는가를 잘 검토해야 한다. 연령, 대상, 내용영역, 주제뿐만 아니라 필요한 내용을 프롬프트에 구체적으로 입력해 줘야 한다.

둘째, 챗GPT에 대한 질문과 응답을 연속적으로 진행하면 자신이 원하는 정보를 얻을 수 있도록 해야 한다. 사람들이 대화를 할 때도 하나의 주제를 중심으로 주제를 이어가는 것과 마찬가지로 챗GTP도 특정 주제에 기반해서 정교한 산출물을 획득할 수 있도록 해야 한다.

셋째, 사용자는 챗GPT가 생성한 자료의 내용을 최종적으로 점검해야 한다는 것이다. 즉, 사용자가 내용의 오류 등에 대한 책임을 갖는다는 뜻이다. 사용자는 항상 챗GPT가 생성하는 정보에 포함될 수도 있는 오류 여부를 파악해야 한다.

(3) 학교교육과 챗GPT

챗GPT와 같은 생성형 인공지능을 활용해서 학교교육의 업무효율을 높일 수도 있다. 다양한 활용방법이 있겠지만, 세 영역으로 구분해서 살펴본다. 첫째, 수업준비 및 활동설계를 위해서 활용할 수 있다. 둘째, 학생들의 과제를 평가하기 위한 보조적인 지원도구로 활용할 수도 있다. 셋째, 학교 및 학급관리를 위한 업무지원 도구로도 사용할 수 있다.

첫째, 수업활동 지원을 위한 활용방법이다. 챗GPT를 사용해서 학습자의 수준, 맞춤형 내용구성, 수업 상황을 고려한 지도전략 등에 대한 내용을 구성할 수도 있다. 예를 들어서 프롬프트를 사용해서 수업활동에 필요한 내용을 묻고, 이를 기반으로 활동을 설계할 수도 있다. 수행 촉진을 위한 피드백에 대한 질문을 할 수도 있고, 수업활동 자체를 상세하게 구성할 수 있도록 질문할 수도 있다.

둘째, 평가도구로 활용하는 방법이다. 챗GPT를 활용하면 학생들의 과제평가를 위한 기준을 만들거나 내용을 요약해서 평가에 적용할 수도 있다. 챗GPT는 텍스트 형태로 구성된 내용을 요약하거나 비교분석할 수 있다. 특히 루브릭(평가기준표)을 다양하게 생성할 수 있을 뿐만 아니라 평가목표 및 맥락에 맞는 평가도구를 개발할 수도 있디. 이런 루브릭을 잘 활용하면 방대한 양의 학습활동 결과에 대해서도 적절한 피드백을 제공할 수 있다. 글쓰기 자료를 종합적으로 비교하거나 요약해 봄으로써 학생들의 전반적인 성과내용을 확인해 볼 수도 있다.

셋째, 학교 및 학급관리를 위해서 활용할 수도 있다. 간단히 생성해 보는 학급규칙이나 시간표 배정 등의 내용을 적용해 볼 수 있다. 이와 같이 챗GPT는 문서의 생성뿐만 아니라 관리적인 목적으로도 활용될 수 있다. 학생이나 학부모에게 보내야 하는 알림장이나 메시지를 간단히 구성하는 것도 가능하다. 활용 맥락 등을 상세히 제공해 줌으로써 자신의 상황에 적절한 활용방안을 도출할 수 있다.

(4) 챗GPT 사용 예시

자료를 생성하기 위해서 챗GPT의 프롬프트를 사용해서 다음과 같은 명령어를 입력할 수 있다. 이때 사용할 수 있는 명령어는 수업 주제, 학습 목표, 원하는 자료 형식 등에 따라 변경될 수 있다. 다음은 챗GPT에서 사용할 수 있는 프롬프트의 예시다.

- 주제 소개 및 개요 생성: "고등학생을 위한 이산수학 개요 작성해 줘."
- 수업 계획 작성: "고등학생을 위한 이산수학 4주간의 수업 계획을 만들어 줘."
- 강의 노트 생성: "고등학생을 위한 이산수학의 그래프 이론에 대한 강의 노트 작성해 줘."
- 연습문제 생성: "고등학생을 위한 이산수학의 조합론 연습문제 5개를 만들어 줘."
- 퀴즈 생성: "고등학생을 위한 이산수학에 관한 퀴즈 10문제를 생성해 줘."
- 학습활동 제안: "고등학생을 위한 이산수학 학습활동 세 가지를 제안해 줘."
- 프로젝트 아이디어 생성: "고등학생들이 수행할 수 있는 이산수학 관련 프

로젝트 아이디어 2개를 제공해 줘."

프롬프트를 사용할 때는 여러 번 사용해서 결과물을 정교화하는 것이 중요하다. 여러 번 시도하거나 명령어를 수정하여 원하는 결과물을 얻을 수 있다. 또한 자료의 구조도 구분해서 적용할 수 있다.

4) AI 활용 수업 적용 사례

구글티쳐블머신은 인공지능 코딩에 대한 지식 없이도 머신러닝 모델을 만들 수 있는 대표적인 도구다. 이를 활용한 융합수업이라든지, 혹은 챗봇 빌더를 활용하여 다양한 교과수업에서 챗봇을 교사가 직접 제작하여 활용한 수업 사례가 보고되고 있다. 특히 구글 다이얼로그 플로우(Google Dialogflow)라는 도구는 다양한 인공지능 서비스로 연계가 될 수 있으며, 아마존의 알렉사, 애플의 시리 등과 연계하여 인공지능 비서 혹은 인공지능 스피커를 통한 영어교육을 가능하게 해 주기도 한다.

(1) 구글티쳐블머신 활용 융합 수업

구글티쳐블머신(Google Teachable Machine)은 구글에서 제공하는 머신러닝모델 제작 도구다. 코딩에 대한 지식이 없어도 머신러닝모델을 만들어 볼 수 있다는 장점이 있다. 이미지, 오디오, 포즈, 이렇게 총 세 가지 유형의 프로젝트를 제작할 수 있다. 이미지 프로젝트의 활용 예로는 생물 수업시간에 비슷한 식물들을 구분해 주는 인공지능 모델을 만드는 수업을 해 볼 수 있다. 다양한 들풀을 각각 구분하여 훈련시키고, 야외수업에서 실제로 들풀을 카메라로 인식하며 인공지능이 잘 구분해 주는지 확인해 보는 수업을 진행할 수 있다. 오디오 프로젝트의 활용 예로는 음악 수업시간에 계이름을 구분해 주는 인공지능 모델을 훈련시키고, 학생이 정확하게 계이름을 발성해 내는지 확인해 보는 수업을 진행할 수 있다.

장미 등(2021)은 구글티처블머신을 활용한 중학교 STEAM 융합수업 사례를 보고하고 있다. 이는 과학, 기술, 음악, 정보, 수학, 도덕 교과를 융합한 수업을 말하는데, 오디오 프로젝트를 활용하여, 사람 목소리를 구분해 내는 모델을 만들어 보고, 이를 바탕으로 인공지능을 활용한 보이스피싱 예방기술에 대해 융합수업을 진행한 좋은 예다.

(2) 챗봇 활용 교과 수업

AI 챗봇을 수업에 활용하려는 동향은 매우 빠르게 증가하고 있다. 특히 초등영어교육 분야에서 그 활용 시도가 매우 높은 편이다. 그 주된 이유로는 학습자들에게 영어 의사소통의 기회를 확대시켜 준다. 일반적 교실 수업에서 학생 개인이 영어를 말할 수 있는 발화 기회는 매우 한정적이다. 그러나 챗봇을 활용한 영어 수업은 학생이 챗봇과 일대일 대화를 하기 때문에 발화 기회가 확보된다. 영어수업의 목적에 따라 아마존 알렉사(Alexa), 구글 어시스턴트(Google Assistant), 카카오 Mini와 같은 기존의 음성비서를 그대로 활용할 수도 있고, 구글 다이얼로그플로우(Google Dialogflow)로 교과서 내용의 영어 대화 스크립트를 훈련시켜 챗봇에 연결할 수도 있다.

영어 교과가 아닌 다른 교과에서 챗봇을 활용하는 시도는 사례 수가 적지만 지속적으로 보고되고 있다. 초등 사회과에서 마이크로러닝을 위한 챗봇 개발(황홍섭, 2021)의 사례에서는 사회 수업 중, 학생이 궁금한 개념들을 챗봇에게 질문하여 정보를 얻는 마이크로러닝 방식을 제안하였다. 또한 강유진, 이명현(2021)과 김지우, 이명현(2021)은 고전소설 〈토끼전〉과 〈홍길동전〉을 챗봇과의 대화를 통해 내용을 학습하면서 컴퓨팅사고까지 기를 수 있는 챗봇 개발에 대한 내용을 제안하기도 하였다. 이는 고등학교 문학교과에 충분히 적용될 수 있는 내용이다.

3. 인공지능과 수업설계

수업설계의 첫 단계 중 하나는 학습자 분석인데, AI를 적용한 학습자 분석 방법이 제시되고 있다. 또한 수업매체개발 과정에서도 다양한 인공지능 기반의 제작도구가 개발시간을 단축해 줄 수 있다. 이러한 배경은 현재 교사들이 왜 인공지능을 알고, 적극적으로 활용해야 하는지 그 근거를 제시해 준다.

1) 학습분석학의 활용

학습자의 모든 데이터는 전산으로 저장되며 이는 다양한 방식으로 활용될 수 있다. 온라인 수업에서 발생하는 모든 데이터는 클라우드에 저장되며, 이는 곧 개인 학습자의 학습상황을 나타낼 수 있는 정보로 활용될 수 있다. 이러한 데이터를 활용하여 학습자의 학습상황을 분석하고 성취를 예측하며 적절한 처방을 제공하는 분야를 학습분석학(Learning Analytics) 라고 한다.

학습분석학은 학급 혹은 학교 단위에서 학습자 수준을 분석하며 관리자 및 의사결정자에게 의사결정을 위한 정보를 제공하는 것을 목적으로 삼는다. 학습자의 온라인 학습 데이터(로그인 횟수, 평가점수, 상호작용 횟수 등)를 기반으로 학습을 분석할 수 있다. 이러한 정보는 교수자나 학교관리자에게 도움이 되는 정보들이며, 분석 결과를 바탕으로 교수자가 교수전략적으로 처치를 가하거나, 교육관리자 등이 의사결정을 내리기도 한다.

학습분석학의 대표적인 적용 사례로 대학의 학습 고위험군 조기경보 시스템(early-alert system)이 있다. 미국 애리조나주립대학교(ASU)의 사례로 국내에 많이 소개되었으며, 학습자들의 로그인 횟수, 체류시간, 온라인시험성적 등의 데이터를 기반으로 컴퓨터 알고리즘을 통해 학습성취도를 미리 예측하고, 그 위험이 있는 학습자를 교수자에게 알려 준다. 그러면 교수자는 미리 그 학습자들을 위해 상담을 하거나, 피드백을 제공하는 등의 처치로 그 예상되는 결손을 방지할 수 있다.

2) 적응적 학습

적응적 학습(adaptive learning)은 개인 맞춤형 학습을 의미한다. 적응적 학습이 구현되기 위해서는 학습자 분석이 선행되어야 한다. 학습자 분석의 내용은 학습 내용에 대한 개인의 사전 도달 수준, 동기 수준 등 다양하다. 이러한 학습자 분석 데이터를 기반으로 다양한 방식으로 적응적 학습의 적용이 가능하다. 첫째, 적응적 학습내용(adaptive contents)이다. 학습자에게 제공되는 학습내용의 난이도나 수준이 달라지는 것이다. 둘째, 적응적 학습순서(adaptive sequence)다. 수업의 진도나 제공되는 콘텐츠의 순서가 조정이 될 수 있다. 셋째, 적응적 학습평가(adaptive assessment)다. 학습자가 문제 풀이를 잘 한다면 문제의 난이도를 점점 높여볼 수 있고, 반대로 학습자가 문제풀이를 어려워하면 점차 쉬운 문제들을 제공할 수 있는 것이다. 이처럼 개인의 지식 수준, 학습 수준, 동기 수준 등에 맞추어 학습자에게 제공되는 콘텐츠의 수준, 내용이 달리 제공되고, 교수방법 및 평가의 내용이 달라질 수도 있다.

대표적인 사례로 산타토익(SANTA TOEIC)이 있다. 학습자가 토익문제를 몇 문제 풀어 보는 것만으로도 그 학습자의 최종 수준을 예측할 수 있으며, 학습자의 수준에 맞는 문제가 제공된다. 한국교육방송공사(EBS)도 인공지능 기반의 맞춤학습 시비스 DANCHOO(단추)를 공개하며 그 기능을 확대하고 있다. 주요 교과목의 시험문제 빅데이터를 활용하여 학생 개인의 수준에 맞는 문제를 추천하는 서비스나, 수학과목에서 취약 단원을 파악할 수 있는 서비스 등 다양한 인공지능 맞춤학습 서비스를 제공하고 있다.

3) 인공지능 툴을 활용한 수업매체개발

　인공지능 도구를 활용하여 수업매체 개발이 매우 쉬워질 수 있다. 대표적으로 강의영상 이나 수업 보조자료로서 동영상 자료를 개발하거나 편집하는 과정에서 인공지능 툴은 그 개발 부담을 혁신적으로 줄여 줄 수 있다.

　멀티미디어 콘텐츠로서 동영상 수업자료에 포함되는 음성(voice narration)과 텍스트(written text)를 손쉽게 처리할 수도 있다. 이 두 다른 정보양식 간의 전환을 컴퓨터가 처리해 주는 분야가 있는데, TTS(text-to-speech)와 STT(speech-to-text)가 있다. TTS는 텍스트 정보를 컴퓨터에 입력하면, 컴퓨터가 자동으로 목소리로 변환하는 기술이다. 과거엔 기계적인 로봇 목소리여서 적용에 한계가 있었으나, 현재는 인공지능 기술로 인해 실제 사람 목소리 더빙이 가능해져서 매우 큰 활용도를 보이고 있다. 흔히 인공지능 더빙이라고 불리는데, 대표적인 사례로 네이버 클로바 더빙(Clova Dubbing)이 있다.

　네이버 클로바 더빙은 클라우드 웹 기반 동영상 편집 툴이다. 별도의 소프트웨어 설치 없이 사이트에 로그인하여 사용할 수 있다. 동영상, 이미지, PDF 파일 형식을 불러올 수 있으며, 텍스트 입력을 통해 자동으로 음성 나레이션을 추가해 준다. 사람이 직접 녹음하지 않고, 인공지능 더빙기술을 활용하여 나레이션을 입히는 것은 여러 장점이 있다. 녹음 실수나 나레이션 수정으로 인한 재녹음 시간을 줄일 수 있다. 그리고 입력한 텍스트는 나레이션과 동시에 자막으로 추가할 수도 있어 매우 편리하다.

　STT(speech-to-text)는 주로 영상 속의 음성을 인공지능이 인식하여 텍스트로 출력해 주는 기능이다. 교사가 녹화한 강의 영상에 자막 추가가 필요할 경우 매우 유용하게 쓰일 수 있다. 대표적인 소프트웨어로 VREW가 있으며, 음질의 상태가 좋은 영상일 경우 음성인식에서 매우 높은 정확도를 보여 준다. 동영상을 불러오면 자동으로 자막을 출력해 주며, 사용자가 직접 오탈자를 수정하여 작업을 마무리한다.

STT 기술로 강의 영상에 자동자막을 추가하는 기능은 청각장애학생을 위해 매우 효과적으로 쓰일 수 있다. 온라인 수업이 녹화강의로 이루어질 때 청각장애학생들은 매우 큰 어려움을 겪는다. 교수자의 음성 설명을 들을 수가 없으며, 단순히 화면의 시각 정보에 의존해야 한다. 대다수의 경우에 자막이 제공되는 경우가 없으며, 이는 청각장애학생에게는 매우 어려운 점이다. 교실에 청각장애학생이 있다면, 이 학생을 위해 교수자가 조금의 노력을 더 기울여, 녹화 강의 영상에 자막을 추가해 준다면 청각장애의 학습결손을 보완할 수 있다.

4. 인공지능과 윤리

인공지능 기술의 활용이 가속화될수록 인공지능 윤리에 대한 논의는 더욱더 깊어질 것이다. 예비교사로서 맞이할 수 있는 인공지능 윤리 이슈에 대해 간략하게 살펴본다.

1) 챗봇 윤리: 공정성과 비차별성

2020년 12월 국내 스타트업 스캐터랩이 발표한 인공지능 챗봇 이루다와 관련된 일련의 사건은 인공지능 윤리에 대한 대중적인 관심을 불러 일으켰다. 이루다는 인공지능 기반의 챗봇 캐릭터 이름이며, 20대 여대생으로 설정되어 있다. 이루다 사건이 문제가 된 이유는 여러 가지가 있는데, 훈련 데이터로 활용된 메신저 대화 데이터가 수집 과정에서 적절하지 않았다는 개인정보 침해 문제가 있었다. 챗봇을 훈련시키는 데 필요하여 수집한 데이터를 그 외의 목적으로 무단 사용한 것이 문제였다. 또 다른 문제는 이루다가 여성, 장애인, 성소수자에 대해 차별 및 혐오와 같이 편향된 가치관을 가지는 문제

가 있었다. 이는 훈련에 활용된 데이터의 내용에 따라 학습된 것인데, 사회적
으로 민감한 부분의 필터링 없이 학습된 결과다. 이로 인해 이루다와 대화를
하는 청소년들에게 교육적으로 바르지 못한 영향을 미칠 수 있기 때문이다.

인공지능 챗봇은 교육적 접근성 및 활용성이 매우 높기 때문에 다양한 목
적으로 교육 현장에 활용될 것이다. 특히 교사가 챗봇을 개발한다면, 인공지
능 모델 훈련에 필요한 데이터에 대해 교사가 점검해 볼 필요가 있다. 데이터
의 수집 과정에서 윤리적 문제는 없는지, 데이터의 내용에 윤리적인 문제가
없는지를 고려해야 한다.

2) 학습자 분석: 신뢰성과 투명성

설명 가능한 AI(eXplainable AI: XAI)는 인공지능이 판단한 결과를 사람이
이해할 수 있는 방식으로 제시하는 AI 기술이다. 이는 AI의 처리 결과에 대
한 불확실성을 해소하고 신뢰성을 높인다(한선관 외, 2021). 이러한 인공지능
의 신뢰성과 투명성에 대한 윤리문제는 교육현장에서 매우 깊게 다루어야 할
문제다. 특히 인공지능 튜터, 적응적 학습과 같이 교사의 개입이 최소화되고,
학습자 분석부터 자료제공 및 평가까지 인공지능이 담당하는 절차에서 이러
한 신뢰성과 투명성이 충분히 논의가 되어야 한다.

3) 인공지능기반 학교시스템: 개인정보 보호와 부정행위 방지

마지막으로, 인공지능 시대의 학교 시스템을 생각해 보자. 쉬운 예로 안면
인식 카메라를 교실 입구에 배치하여 매 수업 출석을 자동으로 체크할 수 있
을 것이다. 이러한 안면인식 기술은 학생들의 얼굴에 대한 인식뿐만 아니라,
표정인식을 통한 감정분석 등도 가능하다. 그렇다면 이러한 기술을 수업 시
간에 적용하는 것은 과연 좋은 기술일까?

림 등(Lim et al., 2017)의 논문에서 볼 수 있는 교실 모니터링 시스템은 이러한 문제에 대해 고민해 볼 수 있는 좋은 사례다. 교실 내의 모든 학생을 바라볼 수 있는 위치에 카메라를 설치하여, 학생들의 얼굴표정 등으로 학습 집중도 등을 분석할 수 있다. 이 분석 결과는 교사에게 제공되며, 교사는 이러한 분석 결과를 바탕으로 매우 효과적으로 교실을 관리할 수 있다. 교사 입장에서 이 기술은 좋은 기술인가? 그렇다면 학생 입장에서 이 기술은 좋은 기술일까? 반드시 그렇지는 않을 것이다. 개인정보 보호의 이슈가 대두될 것이기 때문이다.

또한 오픈AI사에서 개발한 챗GPT(Chat GPT) 기술을 학교교육 환경에서 무분별하게 사용할 경우에 발생할 수 있는 문제에 대한 우려도 적지 않다. 챗GPT는 자연어 처리에 기반하고 있기 때문에 학생들의 서술형 과제의 수정을 위한 부정행위에 사용될 수 있다는 점이 화두가 되고 있다. 한편으로 이러한 기술을 사용해서 학생들의 학습능률을 높일 수 있다는 긍정적인 의견도 있으나, 학교학습에서 창의적인 사고의 발전을 방해할 것이라는 우려도 높다. 이러한 논의에서 알 수 있듯이 인공지능기반의 학교 시스템을 적용할 때는 다양한 윤리적인 문제 등이 발생할 수 있다는 점을 인식하고 있어야 한다.

제4부

수업설계 실습과 수업 분석

수업설계 실습

●●● 이 장은 그동안 이 교재를 통해서 학습한 내용을 바탕으로 수업설계 과정을 실습할 수 있도록 구성되었다. 이러한 실습을 위해서 중학교 1학년 수학의 '수와 연산'이라는 단원을 전제로 설계 과정을 따라해 본다. 1절은 분석 및 학습내용의 조직화 단계로, 학습자분석, 교수 분석, 학습환경 분석의 실제적인 적용 사례를 확인할 수 있다. 2절은 학습활동 설계 단계로, 수행목표 진술, 준거지향 평가도구 설계, 교수전략 결정, 교수매체 선정으로 구성되어 있다. 3절은 개발 단계로, 교수자료 개발과 전체적인 교수설계에 대한 형성평가 방법을 다룬다. 4절은 적용 및 평가 단계를 설명한다. 각 단계별로 제시된 안내 지침에 따라서 수업설계 과정을 연습할 수 있으며 실제적인 사례를 확인할 수 있다. 이론을 실제 적용해 보는 경험을 통하여 교수설계 과정을 이해할 수 있는 기회를 제공하기 위한 것이다.

01 분석 및 학습내용의 조직화

수업설계를 위한 첫 단계는 학습자 분석, 교수 분석, 학습환경 분석을 실시하는 것이다.

02 학습활동 설계

실제 수업활동을 설계하기 위해서는 수행목표를 진술하고, 그것에 적합한 준거지향 평가도구를 설계해야 한다. 그 다음 평가방법 및 결과에 적절한 교수전략을 결정하고, 교수매체를 선정해야 한다.

03 개발

수업전략을 성공적으로 적용하기 위한 교수자료를 개발해야 하며, 전체적으로 수업설계가 적절하게 이루어졌는가에 대한 형성평가를 실시해야 한다.

04 적용 및 평가

마지막 단계는 적용 및 평가(총괄평가)를 실시하는 것이다.

1. 분석 및 학습내용의 조직화

수업설계를 하기 위해서는 [그림 10-1]의 절차에 따라서 실시해야 한다. [그림 10-1]은 앞서 제2장에서 제시한 ADDIE 모형의 절차를 적용한 것이다. 또한 각 절의 세부적인 내용은 체제적 교수설계 모형을 따랐다. 이 장에서는 교육대상의 특징과 학습내용을 고려하여 적절한 수준의 수업을 설계하는 활동을 할 것이다. 각 단계별로 제시된 안내지침에 따라서 자신만의 수업을 설계하도록 한다. 각 단계별로 주의해야 할 내용과 더불어 실제적인 사례를 제시하고 있다. 이론을 실제로 적용해 보는 경험을 통하여 교수설계 과정을 이해할 수 있는 기회를 갖도록 한다. 분석 단계에서는 학습자 분석, 교수 분석, 학습환경 분석이 실시되어야 한다.

1) 학습자 분석

학습자 분석을 위해서는 지적 영역, 태도 영역, 사회 및 행동 영역에 대한 자료를 수집해서 판단해야 한다.

분석 단계

- 학습자 분석
  지적 영역
  태도 영역
  사회 및 행동 영역

- 교수 분석
  학습결과 영역의 구분
  학습과제의 계열화
  학습목표의 위계 분석

- 학습환경 분석
  요구의 구체화
  운영자의 특징
  수업환경에 대한 분석

설계 단계

- 수행목표 진술
  학습목표의 명료화
  수업활동의 계열화
  위계적 구조의 파악

- 준거지향 평가도구 설계
  적절한 평가방안의 도출
  다양한 평가계획의 수립
  평가목적의 구체화

- 교수전략 결정
  분석 내용을 토대로 내용 제시 및 학습안내 전략
  효과적 수업전략의 선택

- 교수매체 선정
  수업목표와의 관련성
  운영환경
  수업효과 증진

개발 단계

- 교수자료 개발
  멀티미디어의 설계원리
  학습자원의 활용
  다양한 자료 개발

- 형성평가
  수업 프로그램의 평가
  소수를 대상으로 실시
  전문가 평가

적용 및 평가 단계

- 적용 단계
  수업전략의 적용
  다양한 수업방법의 활용
  적절성

- 평가 단계
  총괄평가의 수행
  효과성, 매력성, 효율성
  수업의 수정

[그림 10-1] 수업설계의 실습절차

(1) 지적 영역

• 출발점 기능(자료 출처: 관찰 및 면담, 이전 학년 성취도평가 점수)

> 학생의 대부분은 선수지식이 습득된 상태다. 여기서 선수지식은 자연수의 사칙계산에 대한 원리 및 두 수의 크기를 비교할 줄 알아야 하고, 약분과 통분의 개념을 확인하며, 분수와 소수의 관계 및 크기를 비교하여 기호로 나타낼 수 있어야 하며, 분수와 소수의 계산을 할 수 있어야 한다. 학생 10명 중 1명은 계산에 어려움을 보였으나 긍정적인 태도를 보이며, 이를 제외한 모든 학생은 문제를 통해 학습할 내용의 기초 원리를 이미 습득하였다.

• 주제에 대한 사전지식(자료 출처: 진단평가 및 질문)

> 학생의 대부분은 정수와 유리수에 대한 기본 개념은 형성되어 있으며, 선행학습을 하여 자신감을 갖고 있었다. 대부분의 학생이 양수에 대한 개념을 이해하는 데 어려움이 없었다. 그러나 음수에 대한 개념은 정립되지 않아 폭넓은 이해를 하지 못하여 실생활에 적용이 어려운 상태이지만 스스로 인식하지는 못했다. 수학적 추론 능력, 문제해결력 또한 그 실행 면에서는 다소 미흡하다.

• 교육수준과 지적 능력(자료 출처: 관찰 및 면담, 학생부 기록)

> 학생들은 교과과정의 선행수업을 받은 학생과 그렇지 못한 학생으로 나뉘어 있다. 학생들의 지적인 특성을 대상으로 수학적 사고방식에 따른 문제해결력이나 수학적인 사고력을 요구하는 경우가 많은데, 내부분의 학생이 수행능력에 어려움이 없었다. 그렇지만 수행 수준이 낮은 학생도 있으며, 자극(평가)에 의해 수행하는 중간 수준의 학생 등 다양한 모습을 보이고 있다.

일반적 특성(언어 발달 수준, 읽기 수준, 시각 정보를 이해하는 능력, 일반적 지식) 면에서 지역(신도시) 특성상 학구열이 높아서 학생들의 지적 발달 수준이 높은 것으로 나타났다. 전국 학습 성취도 평가 결과에 따르면, 평균보다 약간 높은 수준의 학교이지만 학생 사이의 개인차는 어느 정도 있는 것으로 나타났다. 학생 중 1/3 정도가 수학과목의 경우 매 학기 학원에서 선행학습을 하고 수업에 참여하는 경향을 보이고 있다.

(2) 태도 영역

• **학습내용에 대한 태도**(자료 출처: 관찰 및 면담)

학생들은 수학의 개념이나 원리를 알아야 하는 것에 대해 인식하고 있으며 수학이 사고력을 기르는 데 도움이 된다고 생각하고 있다. 또한, 수학이 학생들의 진로에 영향을 미치는 중요한 과목이라는 생각을 가지고, 수학을 잘해야 공부를 잘한다는 인식을 갖고 있었다. 그러나 수학이 실생활의 여러 가지 문제를 해결하거나 다른 과목의 학습에서 중요한 역할을 한다는 점을 인식하지 못하고 있었다.

• **전달 체제에 대한 태도**(자료 출처: 설문 및 면담)

학생들을 대상으로 수학 학습에 흥미와 자신감을 가질 수 있는 교수학습방법 및 교육 기자재 활용에 대해 간단한 설문조사를 하였다. 교수학습방법에는, ① 발견학습, ② 탐구학습, ③ 협동학습, ④ 개별학습, ⑤ 전통적인 설명식 강의 학습방법 중에서 선호하는 방법에 표시하고 이유를 기록하게 하였다. 설문 결과에 따르면, 다수의 학생이 요구하는 학습방법은 ④번 개별학습이었는데, 이유는 일대일 첨삭 지도로 오개념의 원인을 파악하여 문제를 해결할 수 있기 때문이었다. 이 밖에도 계산능력의 배양을 목표로 하지 않을 경우 계산기 사용을 원하고 있었으며, 컴퓨터를 이용한 온라인 학습에 대해서는 긍정적인 반응이 적었다.

• 학습동기의 수준(자료 출처: 면담)

수학에 대한 일반적인 학습동기를 측정했다. 학습동기 수준이 높은 학생들도 많으나, 학습동기가 낮은 학생들도 다수 발견되었다.

(3) 사회 및 행동 영역

• 사회적 특징(자료 출처: 관찰 및 면담)

학생들은 동료와 우호적인 관계를 맺고 있으나, 지역 특성상 학구열이 높기 때문에 학생 간의 경쟁이 치열한 편인 것으로 판단된다. 방과 후의 과외, 학원 등 계속되는 학습으로 학생 간의 교류는 낮은 것으로 나타났다. 따라서 협력활동 시 취약한 모습을 보였다. 수업에서도 개인적인 성향이 강하게 드러나며, 이기적인 모습을 보일 때도 있었다. 부모의 관리하에 학습하는 학생이 많기 때문에 자기주도적인 면이 부족하다.

• 신체적 특징(자료 출처: 관찰 및 학생기록부)

특별한 장애를 가진 학생은 없다.

2) 교수 분석

　교수 분석은 실제로 배우는 내용에 대한 분석이다. 교수 분석은 주로 세 단계로 이루어진다. 첫 번째 단계에서는 가르치는 내용이 가네(Gagné)의 학습 영역 중 어디에 해당하는지를 분류한다. 두 번째 단계에서는 학습자들이 그 목표를 수행하기 위해 필요한 주요 단계를 규명하고 순서화한다. 세 번째 단계에서는 순서화된 각 단계의 하위 단계를 분석해 낸다.

(1) 학습결과 영역의 구분

'수와 연산' 부분의 학습내용은 학습 영역 중 대부분이 지적 기능에 해당한다.

(2) 학습과제의 계열화

[그림 10-2]는 계열화 과정에 따라 교수목표를 분석한 것을 보여 주고 있다. 여기서는 교수목표(수와 연산에 대한 정확한 개념을 확립하고 관련 문제를 풀 수 있다)를 수행하기 위해 필요한 주요 단계를 찾아내서 최적의 순서를 정했다.

[그림 10-2] 교수목표의 계열화

(3) 하위 단계에 대한 위계 분석

어떤 것을 배우는 데 필요한 주요 하위 단계들이 빠져 있다면 교수는 효과적일 수가 없다. 따라서 이 단계에서는 각 단계에 대한 하위 기능 분석을 한다. 수와 연산 단원의 많은 내용은 지적 기능 중에서도 개념 학습에 관련된 요소가 많으므로 위계 분석으로 하위 단계를 분석할 수 있다.

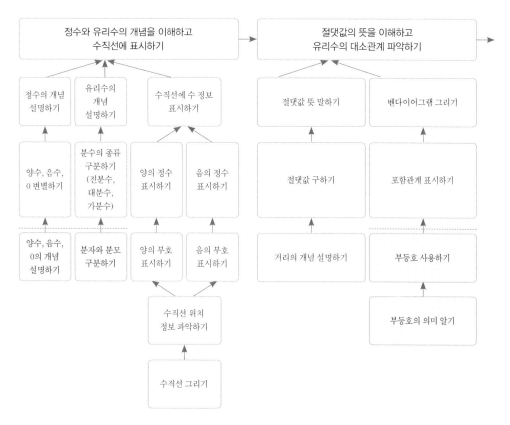

[그림 10-3] 하위 목표 분석

[그림 10-3]은 둘째 단계에서 분석된 앞의 두 가지 학습내용에 대한 하위 분석의 모습을 보여 준다. 하위 단계 분석을 해 나가다 보면 제일 마지막 단계의 기능은 이 수업에서는 다루지 않아도 될 출발점 기능(또는 선수지식)이 나오는 경우가 있다(이 예시에서는 음영으로 표시된 부분이 하위 기능 부분임). 그러나 이 부분은 학습을 위해 학습자가 사전에 미리 알고 있어야 할 학습내용이므로 출발점 기능의 확인이 필요하다. 이 예시에서는 정수와 유리수를 파악하기에 앞서 양수, 음수, 0의 개념, 분모ㆍ분자에 대한 이해, 부등호의 사용 등이 수업을 위해 사전에 필요한 선수지식으로 파악되었다.

3) 학습환경 분석

학습환경 분석에서는 실제 교수목표에 도달하도록 돕기 위한 요구의 구체화, 교수 프로그램이 운영될 학습환경에 대한 설명이라는 두 가지를 포함해야 한다. 이때 프로그램이 운영될 학습환경은 실제 학습을 위한 물리적 환경뿐만 아니라 조직의 분위기 및 금기 등 무형의 환경도 포함된다.

(1) 요구의 구체화

요구의 구체화는 학습자의 현재 상태와 목표 상태의 차이를 확인하는 것이다. 학습자의 현재 상태는 학습내용에 대한 이해 수준을 의미한다. 목표 상태는 최종적으로 달성해야 할 바람직한 상태를 의미한다.

• 문제 진단

> 수와 연산 단원은 향후 단원의 기초가 되므로 매우 중요한 학습단원이어서 모든 학생이 수와 연산 문제를 잘 풀도록 기대되는 데 반해 실제로는 학생들이 매번 시험을 보면 잦은 실수를 하는 경향이 있다. 따라서 이를 해결할 수 있도록 수와 연산 단원을 제대로 설계하여 잘 가르칠 수 있는 방안이 모색되어야 한다.

(2) 학습환경

• 운영자의 특징

> 학교 및 수학 교사들은 본 단원의 중요성을 이해하고, 특히 이 부분에 대해 학생을 잘 가르쳐야 한다는 인식을 하고 있다.

• 물리적 환경의 특징

> 수학의 본 단원을 학습하는 데에는 특별한 물리적 시설이나 도구가 요구되지는 않고, 일반적인 수업환경을 갖추고 있으면 된다. 해당 학교는 신설 학교로서 일반적인 교실 환경 및 매체 구비 등은 잘 되어 있는 편이다.

• 주의사항

> 이 학교는 자기주도학습 시범학교로 학생들의 자발적인 학습과 공교육 강화 등을 강조하고 있다. 그러므로 사교육과 연관되지 않도록 주의해야 한다.

2. 학습활동 설계

1) 수행목표 진술

과제 분석의 산출물은 분석된 하위 과제 목록인데, 이 각각의 하위 과제 목록을 수행목표로 진술한다. 예시의 과제 분석의 첫 번째 과제인 '정수와 유리수의 개념을 이해하고 수직선에 표시하기'라는 기능의 하위 분석을 통하여 나온 많은 하위 기능은 학습을 마친 후 학습자들이 할 수 있는 행동으로 나타낸다. 예를 들어, '수직선 그리기'라고 하위기능이 분석되었다면, "수직선을 그릴 수 있다."와 같이 학습이 이루어지고 난 후 학습자들이 보일 것으로 기대되는 행동적 용어로 수행목표를 진술한다. 〈표 10-1〉은 수행목표 진술에 따른 위계적 구조의 예다.

| 표 10-1 | 수행목표 진술의 예시 |

1. 정수와 유리수의 개념을 이해하고 수직선에 표시할 수 있다.

1.1) 정수의 개념을 진술할 수 있다.

    1.1.1) 양수, 음수, 0을 변별할 수 있다.

      1.1.1.1) 양수, 음수, 0의 개념을 정의할 수 있다.

1.2) 유리수를 정의할 수 있다.

    1.2.1) 분수를 구별할 수 있다(진분수, 가분수, 대분수).

      1.2.1.1) 분자와 분모를 구별할 수 있다(선수지식).

1.3) 수직선에 수 정보를 표시할 수 있다.

    1.3.1) 양의 정수를 구분할 수 있다.

      1.3.1.1) 양의 부호를 표시할 수 있다.

        1.3.1.1.1) 수직선 위치정보를 파악할 수 있다.

          1.3.1.1.1.1) 수직선을 그릴 수 있다.

    1.3.2) 음의 정수를 표시할 수 있다.

      1.3.2.1) 음의 부호를 표시할 수 있다.

        1.3.2.1.1) 수직선 위치정보를 파악할 수 있다.

          1.3.2.1.1.1) 수직선을 그릴 수 있다.

2. 절댓값의 뜻을 이해하고 유리수의 대소관계를 파악할 수 있다.

2.1) 절댓값의 뜻을 정의할 수 있다.

    2.1.1) 절댓값을 산출할 수 있다.

      2.1.1.1) 거리의 개념을 진술할 수 있다.

2.2) 벤다이어그램을 그릴 수 있다.

    2.2.1) 부등호를 사용할 수 있다.

      2.2.1.1) 크기(대소관계)를 구분하여 적용할 수 있다.

        2.2.1.1.1) 정수, 유리수의 기호를 표시할 수 있다.

2) 준거지향 평가도구 설계

수행목표에서 달성하려는 최종적인 학습결과가 무엇인지에 따라서 적절한 평가도구를 선택해야 한다. 〈표 10-2〉는 수행목표의 동사가 무엇인가에 따라서 평가방법이 달라질 수 있음을 보여 주는 예시다. 〈표 10-1〉에 제시된 수행목표 진술을 근거로 각 하위 수행목표에 따라서 적절한 평가방법을 연결해 놓은 것이다. 〈표 10-2〉에서 사용한 평가방법은 제11장의 평가 유형을 정리한 〈표 11-7〉을 참조한 것이다. 수행목표에 사용된 동사는 최종적으로 완성된 학습결과가 어떤 형태이어야 하는가를 보여 준다고 할 수 있다.

〈표 10-2〉에서 '표시하다' '그리다' 등의 동사가 사용된 수업목표는 활동이 수반된 결과가 나타나야 한다. 그렇기 때문에 평가방법에서도 수행형 평가 방법이 적용되었다. '정의하다' '변별하다' 등과 같이 특정 지식을 알고 있는지를 요구하는 수업목표에 대해서는 단답형이나 완성형과 같이 적절한 평가방법을 적용해야 한다. 〈표 10-2〉에서는 수행목표의 진술방식과 평가방법이 서로 일관성 있게 연계되어야 한다는 점을 강조하고 있다.

표 10-2 **수행목표에 따른 평가방법 제시**

수행목표 항목	평가방법
1. 정수와 유리수의 개념을 이해하고 수직선에 표시할 수 있다.	수행형
1.1) 정수의 개념을 진술할 수 있다.	선다형
1.1.1) 양수, 음수, 0을 변별할 수 있다.	단답형
1.1.1.1) 양수, 음수, 0의 개념을 정의할 수 있다.	완성형
1.2) 유리수를 정의할 수 있다.	연결형
1.2.1) 분수를 구별할 수 있다(진분수, 가분수, 대분수).	선다형
1.2.1.1) 분자와 분모를 구별할 수 있다(선수지식).	단답형
1.3) 수직선에 수 정보를 표시할 수 있다.	수행형
1.3.1) 양의 정수를 구분할 수 있다.	단답형
1.3.1.1) 양의 부호를 표시할 수 있다.	완성형
1.3.1.1.1) 수직선 위치정보를 파악할 수 있다.	선다형
1.3.1.1.1.1) 수직선을 그릴 수 있다.	수행형
1.3.2) 음의 정수를 표시할 수 있다.	수행형
1.3.2.1) 음의 부호를 표시할 수 있다.	연결형
1.3.2.1.1) 수직선 위치정보를 파악할 수 있다.	단답형
1.3.2.1.1.1) 수직선을 그릴 수 있다.	수행형

2. 절댓값의 뜻을 이해하고 유리수의 대소관계를 파악할 수 있다.	완성형
2.1) 절댓값의 뜻을 정의할 수 있다.	단답형
2.1.1) 절댓값을 산출할 수 있다.	서술형
2.1.1.1) 거리의 개념을 진술할 수 있다.	서술형
2.2) 벤다이어그램을 그릴 수 있다.	수행형
2.2.1) 부등호를 사용할 수 있다.	연결형
2.2.1.1) 크기(대소관계)를 구분하여 적용할 수 있다.	완성형
2.2.1.1.1) 정수, 유리수의 기호를 표시할 수 있다.	단답형

• 수행평가

상기의 수행목표 중 실제 수직선에 수 정보를 표시하거나 벤다이어그램 그리기와 같은 부분에 대해서는 관련 문항을 개발하고 보고서로 작성하게 하여 수행평가를 실시한다.

〈표 10-3〉은 학기 수준에서 과목에 대한 성취 수준을 평가하기 위한 계획이다. 〈표 10-3〉의 내용을 보면, 학기 중에 총 3회의 큰 평가가 실시될 예정이라는 것을 알 수 있다. 1차 및 2차 지필검사의 결과는 전체 평가의 60%를 차지하고 있다. 그리고 학생이 보여 주는 실질적인 수행인 수행평가에는 40%의 평가기준이 적용되고 있다.

표 10-3   평가계획표

구분	1차 지필(30%)		2차 지필(30%)		수행평가(40%)			합계
평가방법	선택형	서술형	선택형	서술형	서술형	토론	보고서	
(반영 비율)	25%	5%	25%	5%	10%	15%	15%	100%
만점	83점	17점	83점	17점	100점	100점	100점	

3) 교수전략 결정

수업목표 달성을 위한 구체적인 교수학습방법을 결정한다. 이때, 고려해야 할 점은 분석 과정에서 살펴본 학습자의 특성, 과제의 특성, 환경의 특성을 잘 반영하여 교수전략을 결정해야 한다는 것이다. 구체적으로 수업의 각 단계에서의 교수전략 결정 모습을 예시를 통하여 설명하면 다음과 같다.

(1) 사전교수 활동

• 동기 부여

수와 연산 단원과 관련된 사례 소개로 학생들의 주의를 끌며, 전체 수학에서 이 단원의 중요성을 언급하여 관련성을 가지게 한다. 그런 후 이 단원이 너무 어렵지 않고 누구나 잘할 수 있다는 자신감을 심어 주어야 하며, 학습이 성공적일 경우 어떤 결과가 주어진다는 식으로 안내를 해서 만족감을 준다.

• 목표 상기

매 차시 수업목표를 구체적으로 알려 줌으로써 스스로 목표를 보고 자기주도적으로 자신의 목표 성취를 확인해 보게 한다.

• 사전학습 상기

이 단원에 들어가기에 앞서 단원과 관련 있는 수 개념을 한 번 짚어 줌으로써 학생들이 이후의 학습을 잘할 수 있도록 도와주어야 한다. 진단평가에서 학습자의 개인차가 큰 것으로 나타났기 때문에 학습부진아의 경우 사전에 선수학습이 되는 것을 따로 공부를 시키는 것도 좋은 방법이다.

(2) 내용 제시와 학습 안내

• 내용 제시

수학 내용 전개는 일반적인 원칙에 따르지만 학생들의 이해를 증진시킬 수 있는 적절한 예와 잘못된 예를 적절히 섞어서 전개한다. 문제 풀이에서는 일반적으로 교사의 시범을 통한 모델링이 일어날 수 있도록 한다. 학습내용 제시 속도는 전체적인 학생들의 경우 선수학습의 부진이 거의 없고, 선행학습도 어느 정도 이루어진 상태이므로 너무 느리게 제시되지 않도록 한다.

• 학습자 참여

내용 제시 후에는 학생들이 직접 문제를 해결하는 등의 활동을 계획해야 하는데, 이 경우 즉각적인 피드백이 이루어지도록 한다. 이 단원은 학생들의 잦은 실수가 있는 단원이므로 유사한 유형의 문제해결에 대한 다수의 연습 기회를 주어야 한다. 또한 수학이라는 과목의 지루함을 덜기 위해 학생들의 특성인 경쟁적 노력의 장점을 살려 팀별로 문제풀기 토너먼트 등의 흥미 요소도 고려할 필요가 있다.

(3) 피드백

• 피드백

수와 연산 단원은 향후의 거의 모든 단원의 기초가 되므로, 평가를 통해 다수의 개념을 정확하게 이해하고 있는지 여부를 구체적으로 확인할 필요가 있다. 또한 연산에서의 실수가 나타나지 않도록 많은 연산 능력의 확인이 평가에서 이루어져야 한다.

(4) 파지와 전이를 위한 수업활동

• 파지

단원에 나오는 주요 용어와 개념을 잊지 않도록 매 차시 반복 연습시켜 기억하게 한다.

• 전이

수와 연산 단원에서 배운 내용을 실제 생활에서 응용해 볼 수 있도록 실제 사례에서 정수, 유리수 등의 혼합 예를 찾아 제시해 본다.

(5) 효과적인 수업전략의 선택

• 학습자의 개인차를 고려한 전략

진단평가 결과에 의하면 학생들의 전체적인 수준은 괜찮았지만, 한 반에 몇 명씩 기초 학력이 부족한 학생이 있었고, 또 일부 학생은 선행학습을 꽤 많이 한 상태로 개인차가 좀 나는 경향이 있었다. 이를 보완하기 위해 수업에서 학생 참여 시간 등의 개별 연습 시간에 학생들에게 수준별 문항을 제공하는 등의 노력을 해야 한다.

• 구성주의적 학습전략

수학이라는 교과의 특징상 학생들이 무료해하기 쉬워 일반 강의식 수업과 더불어 구성주의적 학습방법을 접목할 필요가 있다. 배운 것을 적용하여 협력적으로 실제적 문제를 해결하는 식의 방법 등을 고려하여 학생들의 동기를 고무할 필요가 있다.

• 학습자 집단 구성

수준차가 나는 학생들을 유사집단 또는 이질집단으로 묶어 교육해도 좋다. 유사집단의 경우 서로 경쟁적인 분위기에서 심화·일반·부진 학생의 수준별 집단을 구성하여 학습을 할 수도 있고, 이질집단의 경우 학생끼리 동료 튜터링이 일어나게 하여 서로 가르치고 배움을 통해 동료학습을 하게 할 수도 있다.

4) 교수매체 선정

교수자와 학습자의 의사소통을 증진시킬 수 있는 것을 매체라고 하는데, 수업을 가장 효과적으로 진행하는 데 도움이 될 수 있는 매체를 선정한다.

• 매체 선택

수와 연산 단원은 특별히 요구되는 매체가 구체적으로는 없으나, 각 차시의 수업에서 학생들의 동기를 유발할 수 있도록 실생활에서 정수와 유리수의 개념이 활용되는 사례를 담은 비디오 클립 등이 있으면 준비해 둔다.

3. 개발

개발 단계는 실제로 수업에 활용되는 교수자료를 개발하는 단계를 말한다.

1) 교수자료 개발

수업에 필요한 다양한 교수용 또는 학습용 자료 개발을 말한다. 수업에서 교사가 사용하는 교재, 교사용 지침서, 학습자 지침서, 교수용 PPT 자료, 학습자가 풀어 볼 연습용 문항지 등을 이 단계에서 준비한다. 제7장에서 학습한 멀티미디어 설계원리를 적용한 개발방법을 설명할 것이다.

• 교수용 PPT 자료와 연습용 문항지 개발

수업 도입 부분에 활용할 실생활에서 정수와 유리수의 개념이 활용되고 있는 사례를 설정하고 이를 영상으로 제작한다. 수업에서 교사가 개념을 가르치기 위해 사용할 PPT를 제작한다. 평가 단계에서 학생들이 풀어 볼 단원평가 문제를 출제하여 만들어 둔다.

2) 형성평가

개발된 교수자료를 테스트해 봄으로써 문제점을 발견하고 개선안을 찾는다.

• 초점집단 평가

수업의 도입부에서 사용할 비디오 영상을 3~4명의 학생에게 보여 준 다음에 실제로 동기유발의 효과가 있는지, 그날 수업에서 무엇을 할 것인지에 대해 알 수 있는지 파악해 본다.

• 일대일 평가

수업활동을 시뮬레이션하고 참여했던 학생들과의 일대일 면담을 실시할 수도 있다. 면담의 내용은 학습활동의 어려움, 학습내용의 난이도, 수업전략의 효과 등과 같이 다양한 측면을 복합적으로 포괄할 수 있다.

• 전문가 평가

> 담당교과의 주임교사와 면담을 통해 수업계획의 문제점을 검토하고 수정할 수 있도록 한다. 또는 학년 단위에서 수업계획을 종합적으로 검토해 볼 수도 있다.

4. 적용 및 평가

1) 적용

이 단계는 실제 교수설계된 교육 프로그램(또는 수업)을 실제로 수행하는 단계다.

2) 평가

여기서의 평가는 개발된 교육 프로그램(또는 수업)의 전체적인 효과성, 매력성, 효율성을 종합적으로 평가해 보는 총괄평가의 성격을 지닌다. 이를 통해 해당 교육 프로그램의 지속 여부, 문제점 파악 및 수정안 등을 결정한다.

(1) 수업에 대한 총괄평가

• 학습성취도 평가(=효과성 평가)

> 4주에 걸쳐 수와 연산 단원을 수업한 결과 학생들의 80%가 수행목표에 도달하였고, 중간고사 성적에서도 수와 연산 단원은 평균 90점 이상이 나와서 이 교수설계가 학생들의 지식 습득에서 많은 도움을 준 것으로 파악된다.

• 학습자의 태도(=매력성 평가)

수업시간에 학생들의 반응이나 학습 후 학생용 설문지에 따르면, 학생들은 수업이 다소 딱딱하고 지루하다고 반응했다(만족도 점수＝3.4점, 5점 만점). 이것은 학습 측면에서는 수업설계가 효과가 있지만, 수업활동에 대한 학생들의 적극적인 참여를 충분히 이끌어 내지 못했다는 것을 말한다.

• 수업준비(=효율성 평가)

이 수업을 준비한 김 교사는 4주짜리 단원을 준비하면서 평소보다도 훨씬 더 많은 시간과 노력을 기울였다. 수업준비 강도가 다른 단원에 비해 훨씬 높았다는 의미다. 비록 학습성취도는 높게 나왔지만 수업을 준비한 교사의 입장에서는 과도한 자원의 투입이 필요했다.

(2) 문제점의 파악 및 수정 방안

• 문제점 진단

수업에 대한 총괄평가를 종합해 보면, 학습성취에는 효과적인 수업이었지만 학생들의 참여 동기를 촉진시키지는 못했다는 결론을 내릴 수 있다. 또한 수업 준비를 위해 지나치게 많은 시간이 투입되었기 때문에 수업에 대한 효율성은 낮은 것으로 나타났다.

• 수정 방안

수업전략은 효과적이었기 때문에 큰 변화가 필요한 상황은 아니다. 그러나 학
생들의 참여 동기를 촉진시키기 위해 협동학습 기법을 적용하기로 했다. 협동
학습 기법을 적용함으로써 추가적으로 발생하는 수업시간을 보충하기 위해 수
업 초기에 포함시켰던 강의 자료 중의 일부를 생략하기로 했다. 또한 수업준비
에 투입된 자원 중에서 다시 활용할 수 있는 부분을 문서화해서 잘 보관하기로
했다.

제11장

수업지도안의 작성

학습 안내

● ● ● 이 장에서는 실제 수업단위에서 필요한 수업지도안 작성방법을 알아본다. 이를 위해 ① 단원 지도 계획의 수립, ② 수업지도안 작성 실습, ③ 평가계획의 수립의 과정을 실습한다. 이 장에서는 수업설계 과정을 적용하기 위하여 가상의 수업 상황을 전제하고 단계별 활동을 제시한다. 1절에서는 단원 지도의 기본 개념과 단원계획에서 예시 자료를 대상으로 설명한다. 2절에서는 수업을 운영하기 위한 수업 단계를 소개할 것이다. 도입 ➜ 선개 ➜ 정리 단계로 진행되는 수업절차의 세부진행 사항을 함께 제시한다. 3절에서는 수업지도안을 작성하기 위한 단계를 설명한다. 수업 단계별 활동 사항을 수립하고 이를 바탕으로 45분 분량의 수업지도안을 구성하였다. 4절에서는 수업지도안 작성과 관련해서 학습자의 성취 수준을 측정하고 수업 자체에 대한 만족도를 평가하기 위한 방법을 알아본다.

핵심내용

01 **단원의 구성**
교사용 지침서를 바탕으로 지역이나 학교의 특성을 반영해서 계획을 수립할 수 있다.

02 **단위 수업의 전개원리**
도입, 전개, 정리의 전개 과정과 가네의 아홉 가지 수업사태는 비슷한 구조로 되어 있다.

03 **수업지도안의 작성**
실제 수업지도안 작성에 필요한 요인을 연습할 것이다.

04 **평가계획의 수립**
수업목표에 부합되는 평가계획을 수립해서 계획을 적용하는 것이 중요하다.

1. 단원의 구성

1) 단원의 지도 계획

단원 지도 계획은 일반적으로 해당 단원에 필요한 다양한 교육내용을 분석하여 조직화하는 활동을 필요로 하므로 거시적 교수설계에 해당한다. 일반적으로 초·중등학교의 교과 단원은 이미 교육내용이 분석되고 조직화되어 교사용 지침서로 제시되어 있다. 그러나 최근 융합 교육 및 학습자 맞춤형 교육 등이 강조되므로 단원 지도에 관련된 내용은 교사용 지침서를 바탕으로 하여 지역, 학교 특성, 학습자들의 능력 수준 등에 따라 교수자가 재구성하는 것이 바람직하다. 교과나 단원의 특성에 따라 차이는 있겠지만 모든 교과의 공통적인 단원 지도의 구성 요소로 단원명, 단원의 개관, 단원의 목표, 지도상의 유의점, 학습내용의 분석, 출발점 행동의 진단과 처치, 단원의 전개 등이 포함된다.

(1) 단원명

단원명은 교과서나 교사용 지침서에 있지만 학교나 학습자의 특성에 맞게 재구성할 수 있다. 단원명을 정할 때는 일반적이고 대표적인 주요한 제목, 중요한 원리나 개념 또는 사실을 대표하는 문구, 학습자의 중요한 문제를 표시하는 의문문, 중요한 사회문제를 표시하는 의문문으로 나타낼 수 있다.

(2) 단원의 개관

단원의 개관에는 단원이 학습자의 어떠한 필요나 흥미에 의한 것인지, 사회적으로 어떠한 의의와 가치가 있는지, 교육과정 내용상의 범위와 계열에서 어떠한 위치에 있는지를 기술한다. 또한 그 단원을 학습자들에게 왜 가르쳐야 하는지의 필요성을 근거로 정당성을 논리적으로 기술하여야 한다.

(3) 단원의 목표

단원 목표는 단원 지도 후에 학습자가 성취해야 할 행동이어야 하는데, 단원의 주요 내용과 그 내용에 대하여 학습자들이 어떤 행동으로 성취하기를 바라는지가 분명하게 진술되어 있어야 한다. 단원 목표는 주요한 내용의 영역과 그 내용을 다룸으로써 달성될 것으로 기대되는 행동을 포함하여 진술되어야 한다. 지식, 태도, 기능이 골고루 포함되어야 하므로 차시별 수업목표에 비하여 포괄적이고 종합적으로 진술한다.

(4) 지도상의 유의점

해당 단원 학습을 지도하기 위해서는 교사용 지침서에 기록되어 있는 지도상의 유의점을 살펴보고, 학습과제별 지도상의 유의점에 관심을 두어 지도계획을 세우고 실제 수업에 임해야 한다. 또한 각 학교나 학습자의 특성을 고려하여 교수자 자신이 단원의 학습내용을 분석해서 유의점을 찾아내야 한다.

(5) 학습과제(내용)의 분석

단원 목표를 명확하게 제시하여 지도함으로써 학습자에게 가르칠 학습내용을 객관적이고 타당하게 제시할 수 있다. 이는 학습의 평가와도 밀접하게 관련되기 때문에 타당한 평가를 위해 제일 먼저 학습과제를 명확히 분석해야 한다. 어떤 내용을 가르쳐야 하는가에 대한 학습내용이 구체적으로 분석되어야 그것을 기초로 학습목표가 상세화되고 가르칠 학습 요소, 학습 요소 간의 관련성, 학습 순서 등을 밝혀 낼 수 있다.

2) 단원의 전개 계획

단원 목표에 따라 학습과제를 분석하고 그 요소를 추출한 후에는 이를 토대로 단원의 목표를 달성하기 위해 몇 시간이 필요한지, 어떤 순서로 단원을 전개할 것인지를 결정해야 한다. 이를 위해 공통 요소는 가능하면 초기에 가르치고, 한 수업목표가 다른 수업목표의 선수학습 능력이 될 때 선수학습 능력이 되는 것을 먼저 가르친다. 또한 교과의 특성이나 자료의 특성에 따라 순서를 정하여 수업의 계열을 정한다. 그런 다음 수업의 전략과 방법을 수립한다. 수업 계열의 결정에 따라 한 단원을 몇 시간 동안 가르칠 것인지를 판단해야 한다.

표 11-1 단원계획서의 예시

대상 학년		중학교 2학년	○○○○학년도 ○학기
단원명		기후환경 대응을 위한 동영상 제작	교수학습모형
단원의 목표		환경문제에 대한 경각심을 높이고 생활실천을 통한 개선 방향에 대한 결론을 도출한다.	문제기반학습
단원 구조		활동목표	주요 내용
주제 탐구	1차시	동영상 제작을 위한 기본 계획 세우기	주제 선정
계획 수립	2차시	영상제작 계획서 작성하기	제작 계획서
	3차시	시나리오 및 콘티 작성하기, 형성평가(1)	시나리오
개발 및 방법의 도출	4차시	촬영(1): 작성한 시나리오를 바탕으로 촬영할 수 있다.	촬영기술
	5차시	촬영(2): 촬영기법을 적용해서 영상을 녹화한다.	
	6차시	촬영한 자료의 보정	영상제작수업
	7차시	시나리오의 흐름에 맞도록 배열	
	8차시	영상효과를 가미한 동영상 제작, 형성평가(2)	
발표	9차시	팀별 모둠별 영상 시연하기	영상발표
종합	10차시	환경문제에 대한 해결방안에 대한 논의, 총괄평가	모둠평가

학생 산출물	1. 계획서 및 시나리오	2. UCC 영상	
	3. 모둠별 자가 평가지		
학생 산출물 평가기준	1. 주제 표현의 적절성	2. 창의성	
	3. 예술성	4. 기술성	

〈표 11-1〉은 문제기반학습에 근거한 수업활동을 구성한 것이다. 이 단원의 활동은 환경문제를 돌아보고 적절한 해결방안을 제시하는 동영상을 개발하는 것이다. 총 10차시로 구성되며, 전체적인 활동 단계는 5단계로 구성되어 있다. 주요 학습내용은 각 활동 단계에 적합하도록 구성되어 있다. 이와 같이 수업목표가 결정되었다면, 단원의 첫 차시부터 그 단원이 끝나는 마지막 차시까지 어떠한 전략에 따라 어떤 방법으로 가르칠 것인지를 결정한다. 그리고 차시별로 주요 수업방법을 결정한다. 그런 다음 수업매체를 선정하고 평가계획을 수립한다. 평가계획을 세울 때는 진단평가, 형성평가, 총괄평가를 위한 계획을 모두 세워야 한다. 일반적으로 진단평가는 단원을 시작하는 첫 차시에 실시하며, 형성평가는 3~4차시를 진행한 다음에 실시하는 것이 좋다. 총괄평가는 단원의 마지막 차시에 배정하는 것이 바람직하다. 평가도구는 되도록 단원의 전개 계획을 수립하는 단계에서 제작하는 것이 좋다. 〈표 11-1〉에서는 두 번의 형성평가와 한 번의 총괄평가가 계획되어 있다. 첫 번째 형성평가는 3차시에 실시하며, 두 번째 형성평가는 8차시에 실시하는 계획이다. 총괄평가는 마지막 차시에서 실시한다.

2. 단위 수업의 전개원리

거시적 수업설계가 한 학기나 한 단원 등의 거시적 차원에서 수업을 설계하는 것을 의미한다면, 미시적 수업설계는 한 단위나 한 시간의 수업을 진행하는 동안 학습자와 교수자의 활동 및 상호작용, 학습내용 제시, 수업 진행 전략 등을 계획하는 것을 의미한다. 이는 제3장에서 배운 가네(Gagné)의 아홉 가지 수업사태에 따른 구분이다. 변영계와 이상수(2003)는 이러한 수업사태를 바탕으로 하여 학교 수업장면에서 적용할 수 있는 수업 진행 단계를 도입, 전개, 정리로 나누어 설명하였다. 〈표 11-2〉는 변영계와 이상수, 그리고 가네의 수업사태를 비교한 것이다. 〈표 11-2〉에 나타나 있듯이, 일반적인 수업 단계를 의미하는 도입, 전개, 정리는 가네의 이론에 근거하고 있음을 알 수 있다.

표 11-2 **수업 단계별 주요활동**

변영계, 이상수(2003)		가네의 수업사태	
수업단계	활동	수업 단계	활동
도입 단계	동기유발 목표인지 선수학습 관련짓기	학습준비 단계	주의집중 유발하기 학습자에게 학습목표 알려 주기 선수학습의 재생 자극하기
전개 단계	학습내용 및 자료의 제시 학습자의 참여 다양한 수업기법의 활용 시간과 자료의 관리	획득과 수행	학습내용에 대한 자극 자료 제시하기 학습 안내하기 성취 행동 유도하기 피드백 제공하기
정리 단계	연습과 피드백의 제공 일반화의 유도 보충 및 예고	학습전이 단계	성취 행동 평가하기 파지 및 전이 높이기

〈표 11-2〉에서 변영계와 이상수가 제시한 도입 단계에서의 각 활동은 가네의 학습준비 단계에서의 각 활동과 동일한 활동이다. '동기유발'은 '주의집중 유발하기'와, '목표인지'는 '학습자에게 학습목표 알려 주기'와, 그리고 '선수학습 관련짓기'는 '선수학습의 재생 자극하기'와 서로 동일한 활동이다. 전개 단계와 지식 정보 획득 단계는 본격적인 수업의 운영을 위한 것이다. '학

습내용 및 자료의 제시'는 '학습과제에 내재한 자극 제시하기' '학습을 안내하기'와 동일한 활동이다. 그런데 변영계와 이상수의 '학습자의 참여' '다양한 수업기법의 활용' '시간과 자료의 관리'는 수업 전개를 위한 전략을 설명한 것이고, 가네의 '성취 행동 유도하기' '피드백 제공하기'는 수업에서 진행되어야 하는 활동을 설명한 것이라고 볼 수 있다.

마지막으로, 정리 단계 및 학습전이 단계는 수업활동을 마무리하기 위한 것이다. '요약·정리'는 '수행 행동 평가하기'와, '강화' '일반화의 유도'는 '파지 및 전이 높이기'와 동일한 활동이다. 변영계와 이상수의 '보충 및 예고'는 차시 학습 예고와 같이 다음 수업을 위한 사전 알림 기능으로, 학교의 수업장면에서 중요한 수업활동 중의 하나다. 여기서는 변영계와 이상수가 설명하고 있는 수업 단계별 주요 활동을 중심으로 어떤 활동이 필요한지 살펴본다.

1) 도입

도입 단계는 수업이 시작되는 단계로 비교적 짧은 시간 안에 이루어지는데, 대략 5~10분 정도가 적절하다. 이 시간에는 학습자의 주의를 집중시키고, 도달해야 할 학습목표를 제시해야 하며, 수업과 관련된 과거의 학습내용을 회상시켜 관련지어 주어야 한다.

(1) 동기유발

수업 자체가 재미있고 흥미롭다면 학습자는 관심을 갖고 주의를 집중할 것이다. 교수자는 수업에 대한 학습자의 동기유발을 위해 다양한 방법을 사용할 수 있다. 우선, 주어진 수업목표를 달성했을 때 학습자가 할 수 있게 되는 것이 무엇인지를 학습자들에게 설명한다. 학습자는 수업의 도입 단계에서 자신이 그 수업을 성공적으로 참여했을 때 무엇을 할 수 있게 되는지를 분명히 알아야만 성취동기가 생긴다. 학습과제와 관련이 있는 예화나 경험담을 들려주어 학습자의 관심을 유도하는 방법도 있다.

최근의 뉴스 보도와 신문을 통해 알려진 사건, 일상생활에서 경험한 내용을 언급함으로써 학습자의 관심을 불러일으킨 다음, 이것이 학습과제와 어떻게 관련이 있으며 왜 중요한지에 대해 설명한다. 그 외에 학습해야 할 문제사태를 담고 있는 사진, 필름, 멀티미디어나 인터넷 자료 등을 보여 줌으로써 학습과제에 대한 호기심을 자극하는 방법도 있다. 예를 들어, 수질오염의 심각성에 대해 학습할 경우, 교수자가 이를 단순히 설명하는 것보다는 슬라이드나 비디오를 통해 문제장면을 보여 주는 것이 학습자의 동기유발에 훨씬더 효과적이다.

(2) 목표인지

학습목표는 학습자가 수업활동을 통해 성취해야 하는 결과를 설명한 것이기 때문에, 되도록 행동 동사를 사용해서 구체적으로 제시한다(〈표 11-7〉 참조). 이러한 학습목표는 수업의 성공 여부를 판단하는 평가기준이 되며, 학습자의 학습활동을 촉진시키는 요인이 될 수 있다. 또한 학습목표를 학습자에게 분명히 인지시킨 다음에 수업에 임해야 한다. 그러면 교수자와 학습자가 학습목표를 의식하면서 이에 초점을 맞춘 수업을 전개할 수 있기 때문이다. 이를 위해 학습목표의 중점 사항을 강조해서 설명하거나 이에 도달할 수 있는 절차를 학습자에게 이해시키는 것은 효과적인 수업을 위해 필요하다.

(3) 선수학습 관련짓기

수업에서 다룰 학습과제와 관련이 있는 과거의 학습경험을 회상시키거나 재생시켜 주는 일도 도입 단계에서 이루어져야 한다. 선수학습 내용과 현재 학습해야 할 과제를 연결시켜서 학습자에게 그 관계를 분명히 이해하게 하면 새로운 학습과제의 해결이 매우 쉬워질 수 있다.

2) 전개

전개 단계는 수업의 중심 활동이다. 실제 본시 수업의 대부분은 주로 이 단계에 해당된다. 전개 단계에서는 학습과제의 내용을 학습자에게 제시하고 다양한 수업방법을 사용하여 수업의 목표 달성을 위한 교수학습활동을 하게 된다.

(1) 학습내용의 제시

학습내용을 학습자에게 제시하기 위해서 교수자는 어떤 순서로 학습내용을 제시해야 할지를 고민해야 한다. 이를 위한 몇 가지 방법이 있다.

첫째, 학습과제의 분석표를 기초로 하여 가장 기본적인 학습과제부터 시작하여 점차 일반적인 학습과제에 이르기까지 순차적으로 제시하는 것이다. 즉, 먼저 단순하고 쉬운 학습과제부터 학습하게 하고, 그다음 이를 토대로 점차 복잡하고 어려운 학습과제를 학습하도록 제시하는 것이다.

둘째, 한 시간에 가르칠 내용을 학습자의 수준과 특성, 수업의 조건과 활동 상황 등을 고려하여 적당한 크기로 묶는 것이다. 예를 들어, 수준이 낮은 학습자를 위한 한 단위 학습활동의 묶음은 수준이 높은 학습자에 비해 비교적 적어야 하며, 수업 상황의 변화도 자주 일어나야 한다. 따라서 학습내용을 적절한 크기로 분할하여 가르칠 때 수업은 효과적으로 이루어질 수 있다.

셋째, 주어진 학습목표를 성취하기 위해 학습해야 할 내용과 그 예시를 선정하여 계획하는 일이다. 학습자가 학습내용을 좀 더 쉽게 이해할 수 있도록 가르칠 개념이나 원리에 해당하는 예시를 선정하여 적당한 때에 제시해 주어야 한다.

(2) 학습자료의 제시

학습자료는 학습목표를 달성하는 데 도움이 되는 다양한 프로그램이나 매체를 말한다. 여기에는 인쇄된 자료(텍스트 기반 자료, 그림 자료 등), 멀티미디어 자료, 인터넷 기반의 자료 등 여러 가지가 있다. 과거의 학습자료는 단순히 수업을 보조하는 수단으로 사용되었으나, 최근에는 학습자료 그 자체가 수업을 주도할 수 있도록 개발되기도 한다.

학습 자료 및 매체를 선정하고 활용할 때는 학습자의 특성을 고려하여야 한다. 예를 들어, 학습자의 독서 능력이 부족한 경우라면 교과서나 책을 읽는 것보다는 설명이나 대화를 듣는 것, 도표나 모형을 통한 학습이 더 효과적이다. 또한 연령이 낮은 학습자라면 보고 듣고 조작하는 실제적이고 직접적인 활동을 함으로써 더 효과적인 학습을 할 수 있으며, 연령이 높은 학습자나 성인은 언어적 방법을 좀 더 할애하여 학습하는 것이 효과적이다.

(3) 학습자의 참여

전개 단계에서는 많은 질문과 응답이 오고 가며, 실제 어떤 행동을 보여 주기도 한다. 따라서 학습자의 적극적인 학습활동은 필수적이다. 그러므로 교사가 수업의 전 과정을 주도하지 말고 집단이나 개인별로 학습자의 참여를 유도해야 하며, 충분한 시간을 할애해 주어야 한다. 즉, 학습자에게 질문을 던지거나, 토론의 기회를 마련하거나, 직접 수행할 수 있는 과제를 제시할 수 있다. 또한 이러한 과제가 협동적으로 수행될 수 있도록 함으로써 동료학습을 유도할 수도 있다.

(4) 다양한 수업기법의 활용

주어진 학습목표를 달성시키기 위해서는 다양한 수업기법이 요구된다. 가르칠 수업목표, 수업 상황, 수업 자료의 특성, 학습자의 수준 등에 따라서 토론학습, 협동학습, 문제중심학습, 탐구학습, 강의식 수업 등의 다양한 수업기법을 활용하도록 한다.

(5) 시간과 자료의 관리

전개 단계는 도입과 정리 단계에 비해 시간 비중이 높은 편으로, 한 차시 수업의 60~70%를 차지한다. 따라서 몇 개의 하위 단계 또는 활동으로 구분하여 시간과 자원을 관리하는 것이 효율적인 수업 전개를 위해 유용하다. 이런 하위 단계는 학습과제와 학습자 특성 및 수준에 따라서 여러 단계로 나눌 수 있으며, 단계마다 구체적으로 시간을 배분하여 융통성 있게 관리하는 것이 바람직하다.

3) 정리

정리 단계는 학습지도의 결론 부분이다. 학습한 내용을 요약 · 정리하고 강화시키며 일반화할 수 있도록 지도한다.

(1) 연습과 피드백의 제공

학습지도를 통해 학습한 내용을 학습자가 실제 상황이나 이와 유사한 상황에서 적용시킬 수 있도록 연습의 기회를 제공해야 한다. 중요한 개념이나 일반적인 원리, 그리고 새로 학습한 기술과 운동능력 등은 몇 번의 반복만으로는 숙달되지 않는다. 그러므로 학습한 내용을 새롭고 다양한 상황에 직접 적용해 보는 연습을 해야 한다. 연습은 학습한 것을 더욱 분명하게 이해시켜 주며 쉽게 망각하지 않도록 해 준다. 피드백은 정답 혹은 오답에 대한 정보와 칭찬이나 격려가 함께 제시되어야 한다.

(2) 일반화의 유도

학습자가 학습한 내용을 생활문제에 적용해 보는 경험은 중요하다. 그런 경험을 통해서 학습한 내용에 대한 일반화 및 전이를 유도할 수 있기 때문이다. 이것은 연습의 효과와도 밀접한 관련이 있기 때문에 상호작용하는 가운

데서 일반화의 수준을 높일 수 있다. 일반화의 수준을 높이기 위해서는 단순 암기나 단편적인 학습보다는 학습요소나 학습내용의 관계를 이해하고, 이와 관련된 문제 사태를 해결할 수 있는 학습기회를 제공해야 한다. 또한 학습한 내용을 실제 생활에 적용해 보는 기회를 반복적으로 제공한다. 그리고 학습 직후에 학습한 주요 내용을 요약·정리하게 한다.

(3) 보충 및 예고

수업시간 동안 충분히 다루지 못했던 학습내용이나 학습자가 더 알고 싶어 하는 주제에 관한 보충 자료나 참고 도서를 언급해서 학습자의 지적 욕구를 충족시켜 주어야 한다. 또한 수업시간에 깊이 있게 다루지 못한 학습 부분을 학습자가 스스로 보완하고 심화할 수 있도록 도와주어야 한다. 마지막으로 다음 차시에 학습할 내용이나 주제를 이번 차시에 배운 것과 관련지어 제시한다.

3. 수업지도안의 작성

수업지도안은 단원 계획에 따라서 수행되는 하나의 수업단위에 대한 계획서를 의미한다. 그렇기 때문에 수업지도안에는 수업시간에 가르치거나 배울 내용이 잘 정리되어 있어야 하며, 수업을 이끌어 갈 운영 전략도 계획되어 있어야 한다. 구체적인 교수학습 모형이나 수업전략이 명시적으로 표현되어야 한다. 지도안의 양식이 정해진 것은 아니며 수업활동의 특징을 고려해서 작성하면 된다. 여기서는 가네의 기준에 따른 수업지도안 작성 예시를 살펴보고자 한다. 가네의 수업구성 원리에 대한 내용은 제3장 4절 '수업사태의 구성'을 참조하기 바란다.

1) 개요

단원명은 교과에 따라 소단원명, 중단원명, 대단원명을 기입한다. 대단원의 지도 시수가 많지 않을 경우에는 일반적으로 대단원의 제목을 기입하지만, 학습지도 시수가 너무 많은 경우에는 중단원명이나 소단원명을 기입하는 것이 좋다. 차시를 기입할 때는 사선 윗부분에는 본시의 차시를, 아랫부분에는 단원 지도에 소요되는 총 시수를 숫자로 기입한다. 본시의 수업목표는 학습자가 학습 후에 도달해야 할 성취 행동으로 진술하되, 행동 동사를 사용하여 성취 결과를 명확하게 알 수 있도록 해야 한다(〈표 11-7〉 참조). 즉, 단원의 목표와 달리 단위 수업의 목표는 비행동 동사(예: 이해한다, 안다, 인식한다, 깨닫는다)가 아닌 행동 동사(예: 설명할 수 있다, 구별할 수 있다, 문제를 풀 수 있다)를 사용하여 진술하여야 한다. 〈표 11-3〉에서는 가네의 수업구성 원리에 따라서 단계별로 어떤 활동이 필요한가를 설명하였다.

2) 수업구성

(1) 학습준비

학생들이 학습활동에 참여할 수 있도록 준비시키는 과정이다. 여기서는 학생들의 주의를 끌도록 해서 관련된 학습활동에 대한 호기심을 높이고 어떤 활동이 전개될 것인지 알려 준다. 그런 다음에 학습목표를 제시하는데, 학습목표에 설명된 동사를 기준으로 어떤 활동을 수행할 것인가에 대한 기대를 형성하도록 한다. 끝으로 학습활동과 관련된 전시학습 내용이나 선수지식을 환기시킨다. 선수지식을 회상하여 오늘 배울 학습내용에 연결시켜 학습경험을 누적시키기 위한 것이다.

(2) 획득과 수행

학생들이 본격적으로 학습활동에 참여하는 단계다. 여기서는 학습활동을 돕기 위한 자극자료가 제시된다. 이것은 학습내용을 알 수 있는 교수매체 등을 의미한다. 학생들은 학습안내 활동을 통해서 실질적인 내용을 이해하게 된다. 또한 학생들의 이해 수준을 확인하기 위해서 수행행동 유도를 통해 연습할 수 있는 기회를 제공해야 한다. 만약 학생들의 이해 수준이 충분하지 않거나 보완할 부분에 대해서는 피드백을 제공해 주어야 한다.

(3) 학습전이

이 단계는 학습한 내용을 안정화시키고 적용할 수 있는 능력을 키우기 위한 것이다. 수행평가는 학생들의 수행 여부에 따라서 기대되었던 수행행동이 완성되었는지를 결정한다. 간단한 평가지를 사용해서 학생들이 학습목표에 도달했는가를 점검하는 것이다. 마지막으로 파지 및 전이에서는 학습내용을 응용할 수 있는 맥락이나 상황을 설명하기 위한 것이다. 이 단계를 통해서 새롭게 배운 내용을 정착할 수 있게 된다.

표 11-3 수업 단계별 활동

수업 단계	활동	목표	설명
학습 준비	주의집중 유발하기	학습자의 주의를 끌 수 있도록 관련된 자료를 제시한다.	프레젠테이션에 영어 글의 논리적 구성과 우리나라 글의 논리적 구성을 나타내는 모형 그림을 보여 준다. 영어 글과 우리나라 글의 논리적 형식의 차이점을 학생들에게 물어보고 마지막에 정리해서 설명해 주어 학생들의 흥미와 호기심을 유발하고 주의를 집중시킨다.

수업 단계	활동	목표	설명
학습 준비	학습목표 제시	학습자에게 학습목표를 제시하여 기대되는 행동이 무엇인지 알도록 한다.	글의 구성 논리를 파악하여 글쓴이의 의도를 파악할 수 있게 한다. -글쓴이는 어떤 방법과 순서로 글을 썼습니까? -글쓴이의 논리 구조는 글쓴이가 의도했던 바를 잘 드러내었습니까? 예문으로 논리적 구조를 가지고 필자가 하고자 하는 말을 어떻게 이끌어 가고 있는지 간단히 시범을 보여 준다. 자세한 이야기는 인쇄물을 나누어 준 후에 깊이 설명해 준다.
	선수학습내용 회상	이미 학습한 지식이나 기능을 회상시켜서 새로운 목표를 학습하는 데 도움이 되어 학습을 촉진시키도록 한다.	학생들에게 지난 시간에 했던 글을 프레젠테이션을 이용해서 보여 준다. 무슨 내용을 배웠는지 질문을 하면서 상기시켜 준다. 프레젠테이션에 효과를 넣어서 학생들의 집중을 끌어들인다. -주어진 글에서 글의 요지, 글쓴이의 의도와 분위기는 무엇입니까?
획득과 수행	자극자료 제시	교수목표와 관련된 교과학습내용 및 교과학습을 보조해 주는 정보나 자료를 제시해 준다.	글의 논리적 구성을 찾는 것은 어렵고 따분한 과제라고 여길 수 있으므로 월드컵 국가대표 사진을 프레젠테이션으로 보여 주어 학생들의 주의를 환기시킨다. 그 후에 월드컵을 주제로 다루고 있는 신문기사와 논리적 구성을 설명하는 보충자료를 학생들에게 나누어 준다. 신문기사를 받아 들고 사진과 함께 무슨 이야기가 진행될지 이야기해 보라고 한다.
	학습안내 제공	학습활동의 단계나 절차 등을 설명하여 학습 안내가 이루어지도록 한다.	월드컵을 주제로 다루고 있는 신문기사의 내용을 각자 읽게 한다. 팀끼리 키워드와 중심내용을 같이 찾아보게 한다. 그리고 교사와 함께 키워드와 중심내용을 프레젠테이션에서 확인한다. 프레젠테이션과 인쇄물을 가지고 논리적 구성을 제공하는 보충자료를 설명한다. 동료들과 함께 문단의 논리적 구성을 찾아보도록 한다. 20분 뒤에 팀별로 찾아낸 내용을 발표할 것임을 알려 준다.

수업 단계	활동	목표	설명
획득과 수행	성취행동 유도	학습자들이 새로운 내용을 학습하였는지 확인하고, 학습자 자신도 그것을 확인해 보도록 한다.	팀별로 논의한 내용을 정리하게 한 뒤 팀에서 한 명을 선정하여 논의한 내용을 발표하게 한다.
	피드백 제공	학습자의 수행행동에 대한 적절한 피드백을 제공하여 적절한 학습이 일어나도록 한다.	각 팀의 발표자는 프레젠테이션에 준비된 기사에 색연필 효과를 이용하여 팀에서 논의한 논리적 구성을 설명한다. 다른 학생들에게는 자신의 것과 발표자의 것을 서로 비교하면서 들을 것을 요구하며 집중을 유지시킨다. 모든 발표가 끝난 뒤에 교사 설명용으로 준비한 프레젠테이션을 이용하여 월드컵에 관한 기사의 구성을 설명해 준다. 이때 학생들의 주의를 계속 집중시키기 위해 프레젠테이션의 효과를 이용하거나 학생들이 사용하지 않은 다른 색깔의 색연필을 이용하여 학생들의 집중을 최대한 끌어올린다. 팀 발표자들이 발표한 것을 이용하여 설명한다. 학습자가 한 것을 가지고 설명하여 학습자들의 주의집중을 계속 유지시킨다.
학습 전이	성취행동평가	수업을 통하여 획득한 학습결과를 평가하여 학습 결손 부분을 확인한다.	평가지를 학생들에게 나누어 준다. 평가지는 간단한 영어 지문으로 되어 있다. 학생들은 이 평가지를 사용해서 제시된 지문의 키워드, 중심내용, 필자의 의도, 글의 논리적 구성에 대해서 응답해야 한다.
	파지 및 전이	학습자가 학습한 내용을 오랫동안 기억하고, 학습한 내용을 다른 문제 상황에 적용할 수 있도록 연습 및 복습시킨다.	월드컵에 관한 기사가 지식 정보 전달의 글이었다면, 이번에는 찬반으로 나뉜 햄버거 기사를 학생들에게 나누어 준다. 글의 주제, 필자의 의도, 글의 논리적 구성을 찾아보는 것을 숙제로 내준다.

3) 수업지도안의 실제

〈표 11-4〉는 〈표 11-3〉의 내용을 중심으로 구체적인 시간계획 등을 구현한 수업지도안의 예시다. 〈표 11-4〉에서는 보다 상세한 시간관리 전략이 적용되어 있음을 알 수 있다. 또한 〈표 11-4〉의 기술 정보 획득 단계를 보면, '학습 안내 제공 → 수행행동 유도 → 피드백 제공'으로 구성된 부분이 [활동1]과 [활동2]로 반복되고 있다. 〈표 11-3〉과 〈표 11-4〉의 관계를 파악하면서 수업지도안을 작성하기 위해서 활동을 상세화하고 시간배정이 이루어지는 방법을 알아야 한다.

표 11-4 수업지도안의 작성 예시

개요	수업대상	수업일시	수업장소	지도교사	○○○
	3학년 7반 28명	3교시	3-7 교실	수업모형	협동학습
단원	글의 주제, 필자의 의도, 글의 논리적 구성 찾아내기			영역	읽기
학습내용	월드컵에 관한 기사를 읽고 주제, 의도, 논리적 구성 찾기			교과서 범위	영어 58~59

수업 단계		교수학습활동	수업 형태	시간	자료 및 유의점
학습 준비 단계	주의력 획득	[주의력 획득] (영어 글의 논리적 구성의 특징과 국어로 된 글의 논리적 구성의 특징을 잘 보여 주는 모형사진을 보여 준다.) 영어 글의 논리적 구성과 국어 글의 논리적 구성의 차이는 무엇입니까? 영어 글의 논리적 구성이 갖는 특징은 무엇입니까?	전체	3'	프레젠테이션 사진자료 제공

학습 준비 단계	학습목표 제시	[공부할 문제 확인하기] 글을 읽고, 글의 주제, 필자의 의도를 찾을 수 있다. 글을 읽고, 글의 논리적 구성을 찾을 수 있다. [수행행동 환기] 글쓴이는 어떤 방법과 순서로 글을 썼습니까? 글쓴이의 논리 구조는 글쓴이가 의도했던 바를 잘 드러내 줍니까?	전체	2'	프레젠테이션 에 굵은 글씨 체와 글자크 기 50으로 목 표를 직접 적 는다.
	선수학습 내용 회상	[선수학습내용 연결] 지난 시간에 배웠던 글을 프레젠테이션에 띄워 무 엇을 배웠었는지 회상하게 한다.	전체	2'	프레젠테이션 및 설명
획득과 수행	자극 자료의 제시	[기본활동 안내] 학습내용1: 월드컵에 관한 신문기사를 나누어 준다. 학습내용2: 논리적 구성을 설명하는 보충자료를 나 누어 준다.	전체 모둠	6'	신문기사와 보충자료 배포
	학습안내 제공 ↓ 성취행동 유도 ↓ 피드백 제공	[활동1] 글의 논리적 구성 찾아보기 글의 논리적 구성이 어떻게 되었습니까? 각 문단의 주제를 찾아봅시다. 각 문단의 전개 방식은 무엇입니까? 각 문단의 전개 방식을 통해 필자가 의도하는 바가 무엇인지 잘 전달되었습니까? [활동2] 팀끼리 의논한 내용을 발표하기 팀끼리 의논한 내용을 정리한다. 팀끼리 의논한 내용을 발표한다.	전체 설명 ↓ 모둠 활동 ↓ 종합 논의	22'	모둠별 준비물 확인 모둠인원 확인 준비물 점검 작동확인 검사 모둠별 발표하기
학습 전이	성취행동 평가	[평가] 준비한 검사지를 주고 논리적 구성을 찾게 한다.	개인	5'	검사지 활용
	일반화 증진: 파지 및 전이	[학습내용 정리] 글을 구성하는 방법에는 어떤 방법이 있나요? 햄버거에 대해 찬반으로 나뉜 글을 읽고, 글의 주제 및 논리적 구성을 찾아봅시다. [차시 예고] 글을 읽고, 다음에 무슨 일이 일어날까요?	전체	5'	질문, 답변 및 과제

4) 수업흐름

〈표 11-5〉는 수업이 진행되는 활동을 시간단위로 정리한 것이다. 〈표 11-4〉에 제시된 수업지도안의 운영시간을 반영해서 어떻게 수업이 진행된 것인지를 표시한 것이다. 음영으로 표시된 부분은 수업활동 중에 진행된 단계가 어떤 것인지를 보여 준다. 수업활동 단계가 순차적으로 진행되어야 하는 것은 아니다. 수업시작 14분에서 36분 사이에는 두 개의 활동이 진행되었다. 이때 [활동1]이 먼저 진행되고, [활동2]가 진행되면서 순환되는 시간흐름을 만들게 되었다. 이와 같이 수업 단계의 특수성을 고려해서 순환되는 구조의 수업흐름을 구성할 수도 있다.

4. 평가계획의 수립

1) 학습성취의 평가

수업활동을 통한 학습자의 성취도를 측정하기 위해서는 평가활동이 진행되어야 한다. 〈표 11-6〉은 평가방법의 유형을 제시한 것이다. 대분류에는 선택형과 서술형이 있다. 선택형은 제시된 복수의 답안 선택 중에서 학습자가 골라서 문제를 해결하는 것이다. 반면에 서술형은 제시되는 예문 없이 바로 답안을 작성해야 한다. 평가방법을 선택할 때는 어떤 수업목표를 달성할 것인가에 따라서 달라져야 한다. 만약 단순한 개념이나 공식을 기억하고 있는가를 평가하려고 한다면 선택형 방식의 평가방법으로도 충분히 확인할 수 있다. 문제중심학습과 같이 복잡한 수행활동이 필요한 과제에서는 서술형과 논술형이 서로 결합된 형태로 적용될 수 있다. 이와 같이 학습목표가 무엇이었는가에 따라서 평가방법이 적절하게 적용되어야 한다. 이러한 평가방법에

표 11-5 수업활동 흐름도의 작성 양식

분	수업활동 단계 구성								
	주의력 획득	목표 제시	선수 학습 내용 회상	자극 자료의 제시	학습 안내 제공	성취 행동 유도	피드백 제공	성취 행동 평가	파지 및 전이
2									
4									
6									
8									
10									
12									
14									
16									
18									
20									
22									
24									
26									
28									
30									
32									
34									
36									
38									
40									
42									
44									
46									

서 중요한 것은 학습자의 수행 수준을 어떻게 관찰하고 평가할 것인지를 사전에 결정하는 것이다. 평가방법이 명확하게 설정되어야 그 목표를 달성하는 데 필요한 교수법을 적절하게 적용할 수 있기 때문이다.

표 11-6 평가방법의 유형

대분류	소분류	설 명
선택형	진위형	제시된 문항의 진술이 옳은지 그른지를 'O' '×'로 답하게 하는 방식
	연결형	서로 관계 있는 내용끼리 연결하게 하는 방식
	선다형	제시된 선택지 중에서 하나 혹은 복수의 답을 고르는 방식
서술형	완성형	제시된 문장의 빈칸을 가장 적절한 표현으로 채우게 하는 방식
	단답형	제시된 문항에 대하여 간단한 단어로 응답하는 방식
	서술형	지식이나 의견 등을 문장이나 문단으로 서술하는 방식
	논술형	자신의 생각이나 주장을 창의적이고 논리적으로 서술하는 방식

〈표 11-7〉은 수업목표를 진술할 때 사용된 행동 동사에 적합한 평가유형을 정리한 것이다. 수업목표 진술에 사용되는 행동 동사는 대략적으로 그 수업목표의 달성에 필요한 학습능력이 무엇인가를 의미한다. 〈표 11-7〉에 제시된 목표 진술동사들은 학습목표 달성에 필요한 최종적인 수행이 무엇인지 제시한다(이상수 외, 2019). 수업목표 진술에서 사용한 행동 동사에 적합한 평가유형을 선택하는 것이 바람직하다.

표 11-7 수업목표 행동 동사에 따른 평가 유형

목표 진술 \ 평가 유형	서술형	단답형	완성형	선다형	연결형	창작물	행동 관찰
진술하다		○	○				
규정하다		○	○	○	○		
토론하다	○						○

평가 유형 \ 목표 진술	서술형	단답형	완성형	선다형	연결형	창작물	행동관찰
정의하다		○	○	○	○		
선정하다		○		○	○		
변별하다		○		○	○		
해결하다	○	○		○	○	○	○
개발하다	○					○	○
찾아내다		○		○	○		
구성하다	○					○	○
생성하다	○					○	○
조작하다							○
선택하다							○

　수업에 대한 평가는 사전에 충분히 계획되어 있어야 한다. 이것은 단원 전개 계획을 수립하는 것과 마찬가지다. 〈표 11-8〉은 평가계획의 예시를 보여주고 있다. 지필평가는 수행에 의한 것이 아니라 제시된 문제에 대한 정답으로 평가된다. 반면에 수행평가는 장기간에 걸친 수행 능력의 향상을 평가하기 위한 것이다. 〈표 11-8〉과 같이 학년 전체에 대한 평가계획에 근거해서 학기 또는 단원별 평가계획을 수립할 수 있다.

표 11-8　학년 평가계획표 예시

구분		1차 지필평가(40%)		2차 지필평가(40%)		수행평가(20%)		계
		선택형	서술형	선택형	서술형	창의적 탐구활동	과제물 완성	
반영비율	1학기	30%	10%	30%	10%	20%	-	100%
	만점	75	25	75	25	100	-	
	2학기	30%	10%	30%	10%	10%	10%	100%
	만점	75	25	75	25	-	100	

〈표 11-9〉와 〈표 11-10〉은 개별 평가지에 대한 문항 분석표와 성취 수준
도표 작성에 필요한 양식이다. 〈표 11-9〉에서 유의할 점은 평가문항의 행동
영역, 성취기준, 문항형식과 같이 개별 문항에 대한 속성을 구분해야 한다는
점이다. 행동 영역은 수업목표와 연관된 영역을 의미하는 것으로, 학습된 내
용의 영역을 지칭한다. 성취기준은 필수 및 심화로 구분해서 학습자의 성취
수준을 판단하기 위한 기준이 된다. 문항형식은 〈표 11-6〉과 같이 평가방법
의 유형을 구분하기 위한 것이다.

표 11-9   평가내용 분석표

문항 번호	평가내용	행동 영역			성취기준		문항형식		배점	정답	출제 근거	정답률
		지식	이해	적용	필수	심화	선택	서술				
1												
2												
3												
10												
계												

〈표 11-10〉은 학습자 개개인에 맞춰 평가 결과를 정리하는 양식을 보여
주고 있다. 이 예시는 총 10문항으로 구성된 평가지를 가정하고 작성된 것이
다. 지도방법에는 심화 및 필수 등과 같은 학습자의 학습 수준에 대한 내용이
포함될 수 있다. 또한 〈표 11-10〉의 왼쪽 하단에 나오는 성취 학생 수는 정
답률을 의미한다. 문항별로 어느 정도 정답이 도출되었는지를 확인하면 평
가문항의 난이도를 확인할 수 있다.

표 11-10   학생별 성취 수준 분석표

	성명	문항번호										성취 문항 수	지도 방법
		1	2	3	4	5	6	7	8	9	10		
1													
2													
3													
36													
성취 학생 수													
성취도(%)													

2) 수업만족도 평가

　수행된 수업에 대한 학생들의 만족도를 파악하는 것은 수업설계를 증진시키는 데 중요한 도움이 된다. 수업만족도는 수업환경, 수업방법, 활동유형, 평가방법 등과 같이 다양한 측면에서 평가될 수 있다. 개방형 설문방식을 활용해서 학생들의 의견을 조사할 수도 있다. 또한 객관식 설문유형으로 구성해서 학생들의 반응을 조사하는 것도 바람직하다. 〈표 11-11〉은 수업만족도 조사를 위한 예시 설문문항이다. 수업만족도 평가를 통해서 자신의 수업을 보완하고 개선할 수 있다.

표 11-11   수업만족도 설문 예시

영역	설문문항	전혀 그렇지 않다	그렇지 않다	보통이다	그런 편이다	매우 그렇다
전체	수업에 만족한다.	①	②	③	④	⑤
수업내용	수업내용에 대해 만족한다.	①	②	③	④	⑤
	교재에 대해 만족한다.	①	②	③	④	⑤
	선생님이 제공해 주는 수업자료에 대해 만족한다.	①	②	③	④	⑤
	수업내용의 난이도에 대해 만족한다.	①	②	③	④	⑤
수업방법 및 교수매체	수업량에 대해 만족한다.	①	②	③	④	⑤
	수업방법에 만족한다.	①	②	③	④	⑤
	수업에서 사용하는 교수매체에 대해 만족한다.	①	②	③	④	⑤

제12장

마이크로티칭과 수업 분석

학습 안내

● ● ● 이 장에서는 마이크로티칭에 대해서 알아보고 수업과정을 분석하기 위한 기법과 도구의 사용 방법을 살펴본다. 마이크로티칭은 수업촬영을 통해서 수업기술을 촉진시키기 위한 실습기법이다. 단순히 수업을 관찰하는 차원이 아니라 체계적인 분석을 수행한다면 수업의 문제점을 발견하고 개선하는 데 도움이 될 수 있다. 1절에서는 마이크로티칭의 개념 및 절차를 알아보고 어떻게 활용할 수 있는지 논의한다. 2절에서는 수업의 본질적인 의미를 이해함으로써 효과적인 수업을 위한 분석 방향을 검토한다. 그리고 수업관찰의 목적과 관찰 요인에 대해서 알아보고자 한다. 3절에서는 관찰기법의 유형(일화관찰과 표집관찰)을 알아본다. 일화관찰에서는 사실적인 정보의 수집이 중요하다. 표집관찰은 시간표집법과 사건표집법으로 구분된다. 4절에서는 다양한 수업 분석 도구의 활용 양식을 살펴본다.

핵심내용

01 마이크로티칭

수업기술을 촉진시키고, 수업운영 능력을 키우기 위한 수업시연 방법으로 마이크로티칭이 사용된다.

02 수업 분석과 관찰

수업관찰을 할 때는 교수자의 발문이나 언어적 · 행동적 표현뿐만 아니라 학습자와의 상호작용을 포함하여 관찰한다.

03 관찰기법의 유형

일화관찰과 표집관찰로 구분되며, 표집관찰은 사건표집법 및 시간표집법으로 구분된다.

04 수업 분석 도구의 활용

분석의 목적이 명확해야 하며, 방법 및 해석이 명료해야 한다.

1. 마이크로티칭

1) 수업역량과 모의수업

예비교사의 양성에서 가장 실천적으로 활용될 수 있는 역량은 수업을 운영하고 이끌어 나가는 능력이다. 이러한 능력을 통칭해서 수업역량이라고 하는데, 수업내용을 지도하고 관리하고 학생들과 상호작용하는 종합적인 능력을 의미한다. 수업은 학습자, 학습내용, 수업방법이 종합적으로 연결된 실천장면이다. 이러한 수업역량은 학교현장에서 중요한 교사역량 중 하나다. 수업역량은 실질적으로 학생들과의 상호작용이나 학습환경 구축능력, 수업에 대한 열정 등과 같이 실천성이 강조되는 영역이다(박희숙, 2018). 그렇기 때문에 수업과 관련된 이러한 실천 기술은 이론과목의 수강보다는 실질적인 경험을 통해서 습득된다. 따라서 학생들과의 상호작용 방법이나 수업관리 같은 수업역량은 실제 수업상황을 통해서 획득하게 된다. 그렇기 때문에 예비교사들의 수업역량을 증진시키기 위해서 필수과정으로 교육실습을 마쳐야 한다. 교육실습은 학교현장을 직접적으로 경험할 수 있다는 측면에서 매우 중요한 실습기회가 된다. 그러나 교육실습은 허용된 일정 기간밖에 활동할 수 없다는 제한점이 있다.

이러한 교육실습의 단점을 보완하거나 교육실습을 위한 준비 과정으로 모의수업 방법이 적용되고 있다. 모의수업은 예비교사의 수업역량을 증진시키기 위해서 실시되는 실습활동이다. 모의수업을 통해서 예비교사는 수업운영을 경험하기도 하고 학생들과의 상호작용을 연습할 수도 있다. 이와 같이 모의수업은 수업의 전문성을 높이기 위한 실습활동이라고 볼 수 있다. 모의수업을 실시함으로써 예비교사들은 자신이 계획한 수업지도안에 따라서 실질적으로 수업을 운영할 수 있는 실천능력을 제고할 수 있다. 모의수업 경험이 많아질수록 수업능력을 신장시킬 수 있으며, 수업기술이나 전문성이야말로 교육현장에서 실현해야 하는 실제적인 능력이기도 하다. 모의수업은 교원양성 교육에서 꼭 필요한 실천 영역이다.

2) 마이크로티칭의 이해와 절차

마이크로티칭(micro-teaching)은 모의수업을 진행하는 방법 중의 하나다. 이 방법에서는 수업을 시간적으로 축소하여 운영하면서 특정 수업 기술이나 상황을 연습할 수 있다. 그렇기 때문에 마이크로티칭은 예비교사의 수업기술을 개발하는 데 매우 효율적인 방법으로 인식되고 있다. 마이크로티칭에서는 수업장면을 동영상으로 촬영하고, 그 자료를 기반으로 수업실행에 대한 평가 및 피드백을 받는다.

마이크로티칭은 수업을 전체적으로 진행한다기보다는 전문영역을 정해서 집중적인 실습이 가능한 방식으로 운영될 수도 있다. 이런 과정을 통해서 특정 수업기술을 집중적으로 연습할 수도 있다. 혹은 어떤 수업 상황을 연출해서 그 상황에 맞는 교수기법을 연습하는 데 활용될 수도 있다(조영남, 2011). 그래서 마이크로티칭에 대한 연구들을 살펴보면, 마이크로티칭이 실제 교육실습을 하는 것보다 오히려 더 까다롭다고 평가하는 경우도 있는 것으로 나타나고 있다. 마이크로티칭은 특정 기술이나 수업역량에 초점을 두고 적용될 수 있는데, 교육실습보다 더 어렵거나 까다롭다고 생각하는 것은 동료평가나 교수자평가가 즉각적으로 제공되기 때문이다. 마이크로티칭은 질문기법, 수업운영 기술과 같이 교수법 영역에 초점을 맞춰서 실시할 수도 있다. 그렇기 때문에 마이크로티칭을 적용할 때는 어떤 수업기술에 초점을 두고 구성할 것인지를 고려해야 한다.

(1) 수업준비

[그림 12-1]은 마이크로티칭을 운영하기 위한 절차다. 수업준비 단계에서는 수업지도안이나 수업자료를 개발한다. 마이크로티칭은 전체 수업을 압축해서 적용할 수도 있지만, 특정 기법에 초점을 맞춰서 진행할 수도 있다. 따라서 수업준비 단계에서는 어떤 수업기술에 초점을 둘 것인지에 따라서 목적에 적합한 지도안이나 자료를 준비해야 한다.

수업준비가 끝나면 실제 수업시연이 실시되기 전에 검토를 받아야 한다. 수업지도안이나 수업전략의 적절성 등을 검토받아야 한다. 이 단계는 아직 실질적인 수업시연을 위한 것은 아니나, 마이크로티칭의 목적을 명확하게 해 줌으로써 구체적인 활동의 설계가 가능할 것이다.

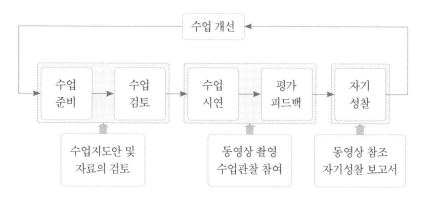

[그림 12-1] 마이크로티칭 운영절차

(2) 수업시연

수업준비와 수업검토를 마쳤다면 본격적인 수업시연 단계를 진행해야 한다. 수업시연 단계는 실제로 수업을 운영하는 것이다. 수업시연 과정은 동영상으로 촬영되며, 학생과의 상호작용, 발문, 판서, 협동학습 집단 운영 등과 같은 수업운영을 직접 수행해야 한다. 수업시연 단계를 동영상으로 촬영하는 것은 구체적인 피드백을 제공하기 위한 것이다. 예를 들어, 학생과의 상호작용 방법이나 순회지도 방법 등을 검토하기 위한 것이다.

수업시연을 할 때, 동료 학생들은 수강생의 역할을 맡아서 참여하기도 한다. 또는 동료평가를 위해서 수업시연 모습을 평가해야 한다. 여기서는 참여적 수업관찰과 비참여적 수업관찰로 구분해 볼 수 있다. 참여적 수업관찰은 시연되고 있는 수업을 수강하는 학생의 역할을 하면서 수업을 관찰하는 것이다. 반면에 비참여적 수업관찰은 별도의 관찰실에서 온전히 관찰자의 관점으로 수업을 관찰하는 것이다. 참여적 수업관찰의 장점은 수강생의 입장에서 수업활동에 참여하기 때문에 수업활동의 적절성을 직접적으로 평가할 수 있다. 그러나 참여적 수업관찰에서는 수업활동에 직접 참여하고 있기 때문에 큰 틀에서 수업의 흐름을 파악하기 어려울 수 있다. 그런데 비참여적 수업관찰은 수업활동에 참여하지 않기 때문에 수업진행자를 더 자세하게 관찰할 수 있으며, 전체적인 수업의 흐름이나 구성에 대해서 평가하는 것이 쉽다.

(3) 평가 및 피드백

마이크로티칭을 마치고 수업시연에 대한 평가를 제공해야 한다. 이때 다양한 평가기준이 적용될 수 있다. 마이크로티칭에서 가장 중요한 요인 중의 하나는 동료 및 교수자에 의한 평가를 수업시연자에게 제공하는 것이다. 녹화된 자료를 보면서 수업에 대한 교수자와 동료의 피드백을 받음으로써 수업의 전문성을 발전시킬 수 있다. 수업시연에 대한 평가를 할 때는 좋은 수업이 될 수 있는 요건에 따라서 구체적인 피드백을 제공하는 것이 중요하다.

좋은 수업이 되기 위해서는 다음과 같은 요소를 갖추고 있어야 한다. ① 수업준비와 수업계획이 철저한 수업, ② 수업목표에 도달하는 수업, ③ 흥미와 재미가 있는 수업, ④ 학습자들이 적극적으로 참여하는 수업, ⑤ 교수자-학습자 간에 상호작용이 활발한 수업, ⑥ 학습자를 이해하고 눈높이를 맞추는 수업, ⑦ 효과적인 수업 모형 및 방법을 적용한 수업, ⑧ 내용이 분명하게 전달되는 수업, ⑨ 수업 자료, 교수매체 등이 잘 갖추어진 수업, ⑩ 평가를 통해 학습자의 이해와 흥미를 높이는 수업, ⑪ 교수자가 성찰하고 연구하는 수업 등이다.

수업평가는 수업의 구성이나 운영이 효과적이었는가에 초점을 맞춰야 한다. 만약 효과적이지 않게 구성된 수업이 있다면 그것에 적절한 피드백을 제공하는 것이 중요하다. 효과적인 수업을 설계하기 위해서는 다음과 같은 요소를 고려해야 한다. 첫째, 수업목표의 명시성이다. 수업활동을 통해 무엇을 얻게 될 것인지를 명확하게 제시해 주어야 한다. 둘째, 학습동기를 촉진시킬 수 있는 전략을 구상해야 한다. 학습자의 동기를 촉진시킴으로써 학습활동에 대한 집중도를 높일 수 있으며, 학습 성취가 증진된다. 셋째, 학습활동에 대한 피드백이 제공되어야 한다. 정확하게 학습했는지의 여부를 판단하기 위해서는 학습활동에 대한 피드백이 제공되어야 한다. 넷째, 적용할 수 있는 기회가 제공되어야 한다. 활용 경험을 갖게 됨으로써 실질적인 학습 성취가 가능해진다.

(4) 자기성찰

마이크로티칭에서 자기성찰은 녹화된 동영상을 보면서 자기평가를 실시하는 것이다. 자기평가를 통해서 자신의 문제점을 발견해서 개선하고자 노력하는 것이 중요하다. 자기성찰을 할 때는 자신의 동영상을 보면서 문제점이나 주의사항 등을 구체적으로 서술하고 개선안을 도출하는 것이 중요하다. 자기성찰을 할 때도 총평 수준에서의 수업평가를 실시하는 것보다는 마이크로티칭의 목적을 구체화해서 실시하는 것이 바람직하다.

표 12-1 자기성찰보고서 예시

영역	문항	전혀 그렇지 않다	그렇지 않다	보통이다	그런 편이다	매우 그렇다
상호작용과 동기유발	1. 교과 및 학습활동에 적합한 발문을 수행했다.	①	②	③	④	⑤
	2. 수업 전개에 따라서 상호작용 수준을 높였다.	①	②	③	④	⑤
	3. 학생들을 생각하게 만드는 수업운영을 했다.	①	②	③	④	⑤
	4. 학생들의 흥미를 유발시켰다.	①	②	③	④	⑤
	5. 학생들이 답변을 쉽게 할 수 있도록 했다.	①	②	③	④	⑤
	6. 수업활동의 목적이 뚜렷하게 나타났다.	①	②	③	④	⑤
	7. 명확하고 간결한 수업운영이다.	①	②	③	④	⑤
판서전략	1. 수업목표와 학습활동에 적합한 판서다.	①	②	③	④	⑤
	2. 수업의 흐름을 쉽게 파악할 만큼 명료했다.	①	②	③	④	⑤
	3. 판서의 내용, 양, 시기 등이 적절했다.	①	②	③	④	⑤
	4. 수업활동을 촉진시키는 데 도움이 되는 판서다.	①	②	③	④	⑤
	5. 글자 이외의 시각적인 정보를 적절하게 활용했다.	①	②	③	④	⑤
	6. 학습내용을 정리하기 쉽도록 제시된 판서다.	①	②	③	④	⑤
	7. 타 수업매체와 병행하여 활용할 수 있는 판서다.	①	②	③	④	⑤

자기성찰 메모

수업시행 과정에서 나타난 문제점에는 어떤 것이 있었는가?	
판서전략에서 보완해야 할 사항은 무엇인가?	
학생과의 상호작용을 촉진하기 위한 보완사항은 무엇인가?	

〈표 12-1〉의 자기성찰보고서는 학생과의 상호작용 유발 및 판서전략에 초점을 두고 작성된 것이다. 상호작용과 동기유발이나 판서전략과 같이 주안점이 된 내용을 중심으로 보고서를 구성했다. 자기성찰을 실시할 때도 마이크로티칭의 주요 관심사항을 반영하여 작성하도록 한다. 이와 같이 각 마이크로티칭의 주요 관심 사항이나 수업기술에 초점을 맞추면 해당 영역의 역량을 효율적으로 촉진시킬 수 있다.

3) 촬영환경의 구축

마이크로티칭을 실시하기 위해서는 동영상 촬영과 동료평가 역시 중요하다. 그렇기 때문에 마이크로티칭 수업실습을 하려면 동영상 촬영이나 동료평가를 위한 환경을 구축해야 한다. 모의수업이나 마이크로티칭과 같이 수업실습을 위한 환경을 구축하기 위해서는 두 가지 요소가 필요하다. 첫째는 수업실습실의 물리적인 공간이 있어야 하며, 둘째는 녹화장비를 갖추고 있어야 한다.

(1) 공간설계

수업실습실을 구성하기 위해서는 물리적인 공간설계를 해야 한다. 수업실습실은 수업활동의 시연과 녹화가 동시에 일어나야 하기 때문에 기능적으로 공간을 구분해서 구축해야 한다. 또한 녹화가 제대로 되기 위해서는 음성이 잘 녹음될 수 있는 공간이이야 한다. [그림 12-2]는 수업실습실 개념도다. [그림 12-2]에서 보는 바와 같이, 수업실습을 촬영하고 관찰을 통한 학습이 일어나기 위해서는 '수업실습실'과 '수업관찰실'로 구분된다. 수업실습실은 실제 수업을 시연하기 위한 장소다. 수업실습실에는 수업매체를 활용할 수 있는 다양한 매체환경을 지원하도록 구성해야 한다. 수업관찰실은 수업실습이 이루어지는 장면을 관찰할 수 있는 별도의 공간이다. 수업관찰실에서는 비참여

관찰이 가능하기 때문에 수업실습 상황에 대한 소집단 논의도 가능하다.

　수업실습실과 수업관찰실 사이에 일방향 유리를 사용해서 수업시연을 손쉽게 관찰할 수 있도록 구성하는 것도 좋은 방법이다. 수업실습실에 남아 있는 동료 학생들은 참여적 수업관찰을 수행하는 것이지만, 관찰실에 있는 동료 학습자는 비참여적 수업관찰을 수행하게 된다. [그림 12-3]의 왼쪽은 수업실습실이고, 오른쪽은 수업관찰실이다. 수업실습실과 수업관찰실 사이에는 일방향 유리가 설치되어 있기 때문에 수업시연자는 수업관찰실에서의 활동을 볼 수 없다.

[그림 12-2] 수업실습실 개념도

[그림 12-3] 수업실습실(좌) 및 수업관찰실(우)

(2) 녹화장비

마이크로티칭을 실시하기 위해서는 수업촬영을 위한 녹화장비가 중요하다. 일반적으로 자동추적녹화장치를 사용하는 경우가 많다. 그런데 자동추적녹화장치는 주로 피사체를 중앙에 놓도록 하고 있기 때문에 마이크로티칭에는 적합하지 않을 수도 있다. 그보다는 관리실에서 수동으로 녹화장비를 조작하는 방법을 사용하기도 한다. 수업장면을 촬영할 때는 판서 영역, 참여학생 영역, 교수자 영역 등을 적절하게 조합해서 촬영하는 것이 좋다. 또한 수업촬영에서는 교수자나 참여 학생의 목소리가 명확하게 녹음될 수 있도록 구성해야 한다.

2. 수업 분석과 관찰

1) 수업과 수업 분석

(1) 수업의 본질

수업은 의도된 학습경험을 제공하기 위해 조직된 활동을 의미한다. 그렇기 때문에 수업을 진행할 때는 항상 수업의 지향점이 무엇인지를 고려해야 한다. 수업설계는 수업에서 의도하는 수업목표를 달성하기 위해 필요한 학습을 조직화한 것이다. 효과적인 수업을 달성하기 위해서는 수업목표를 명확하게 제시함으로써 수업에 필요한 활동을 신장하고 계열화할 수 있다. 성공적인 수업을 달성하기 위해서는 수업을 준비하는 과정에서 사전조사가 충분히 진행되어야 한다.

수업설계는 다음과 같은 목적을 갖고 있다. 첫째, 수업활동의 구체적인 목표가 무엇인지를 알려 준다. 수업목표를 이해함으로써 수업이 끝난 뒤에 학습자가 무엇을 할 수 있는지 확인할 수 있다. 둘째, 교수자에게도 학습경험을 어떻게 조직해야 하는지에 대한 방향성을 제시해 준다. 교수자의 입장에서 수업목표는 교수목표 달성을 위한 학습내용 및 학습활동의 선정과 개발에 영향을 미치는 요소다.

(2) 수업 분석의 목적

수업 분석은 기본적으로 수업을 이해하는 것에서부터 출발한다. 따라서 수업 분석의 과정은 수업을 이해하는 과정이라고 표현할 수 있다. 수업 분석은 수업과정에서 발생하는 교수자-학습자의 상호작용 및 수업운영에 대한 특징을 파악하고 더 나은 수업 전개를 위한 해석을 시도하는 것이다. 수업 분석을 함으로써 수업을 구성하고 있는 요인 간의 관련성을 파악할 수 있다. 따라서 수업 분석은 수업의 효과성뿐만 아니라 과정적인 차원에서 어떻게 수업이 진행되었는지를 알 수 있는 체계적인 해석이라고 할 수 있다. 이에 대해 천호성(2014)은 수업 분석을 "효과적이고 생산적인 수업을 위해 수업기록을 근간으로 하여 교수 및 학습의 과정에서 이루어진 모든 사실과 현상을 비판적인 시각으로 보고 교수학적 이론을 배경으로 그 적절성을 검토하는 일"이라고 정의하였다. 결국 수업 분석은 교사의 의사결정 과정 등 수업의 모든 현상의 배후에 있는 법칙이나 원리, 의미를 분석적으로 밝히기 위한 종합적인 수업 연구활동이다.

수업 분석에서 고려되어야 하는 요인들은, ① 전체적인 수업 분위기, ② 수업의 구조와 시간 관리, ③ 언어적 표현과 비언어적 표현, ④ 교수자의 동선 및 공간 활용, ⑤ 수업 자료 및 교수매체 활용, ⑥ 수업의 특성(수업 유형, 수업목표, 환경 등), ⑦ 교수자와 학습자의 특성 등이다.

2) 수업관찰

수업 분석을 정확하게 수행하기 위해서는 수업에 대한 과정이나 내용이

기록으로 남아야 한다. 객관적으로 기록된 내용을 바탕으로 유의미한 해석을 도출할 수 있기 때문에 정확한 기록은 수업관찰에서 매우 중요하다. 관찰의 대상이 정해지면 어떻게 기록할 것인지를 결정해야 한다. 관찰내용을 기록할 때는 주관적인 판단을 최소화시키는 것이 중요하기 때문에 관찰 대상과 기록 방법을 명확하게 선택해야 한다. 관찰 항목을 세분화하고 행동 특성을 명확하게 정의하여 기록의 객관성을 최대한 높여야 한다. 수업목표에 따라서 교수전략이 달라지는 것과 마찬가지로, 수업관찰의 목적이 무엇인가에 따라서 그 목적을 달성시키는 데 가장 알맞은 방법을 선택해야 한다.

수업관찰을 실시하는 목적은 수업활동의 질을 평가하여 보다 효과적인 수업을 위한 분석을 제공하기 위한 것이다. 이러한 수업관찰을 통해 수업의 특징이나 문제점을 도출해서 더 나은 수업을 위한 전략을 개발해야 한다. 그렇기 때문에 수업관찰은 수업활동에 대하여 최대한 객관적인 자료를 수집하는 것이 중요하다. 수업관찰을 통해 얻은 정보는 최대한 사실적이고 정확해야 한다. 만약 수집된 자료가 수업 상황을 충분히 반영한 것이 아니라면 사실적 정보에 입각한 분석을 실시할 수 없다.

3) 수업관찰의 요소

수업관찰은 교과목표 달성을 위해 조직화된 수업활동 전반에 대한 해석 및 평가를 위한 활동이다. 따라서 수업관찰은 수업 중에 발생하는 교수자와 학습자에 대한 일체의 활동을 대상으로 한다. 수업관찰에는 수업을 위한 교수자의 발문이나 수업 행위와 같이 언어적·행동적 표현뿐만 아니라, 학습자와의 상호작용과 교수매체의 사용과 같은 요인들도 함께 고려된다.

천호성(2014)에 따르면, 수업관찰에 포함되어야 하는 내용에 대해서는 학자마다 강조하는 요인이 다르다. 일본의 시게마츠(重松慶泰) 교수는 학생들의 발언, 학생들의 동작, 교사의 말, 판서, 교사의 위치와 교실 순회, 교사의 지명, 교실의 분위기, 전체의 움직임 등이 포함되어야 한다고 보았다. 반면, 스프래들리(Spradley)는 공간, 행위자, 활동, 행위, 사건, 시간, 목적, 느낌으로 구분하였다. 이러한 내용을 종합해 본다면, 수업관찰에 포함될 내용은 ① 수업활동의 목적 및 의도성, ② 교사 및 학생의 언어, ③ 교사 및 학생의 행동, ④ 수업활동의 흐름으로 정리할 수 있다.

수업관찰을 통해 수집된 자료는 교수자의 수업 개선에 필요한 중요한 정보를 제공해 줄 수 있다. 수업관찰은 사실적인 정보를 바탕으로 하고 있기 때문에 수업 중에 발생하는 자신의 문제점을 밝히고 개선할 수 있는 방법을 도출할 수 있다. 수업의 문제점을 확인하기 위해서는 수업과정에 대한 직접적인 정보를 수집해야 한다. 이러한 자료에 대한 분석 결과를 근거로 하여 문제점과 개선 방안 등을 밝힐 수 있다.

한편, 수업관찰의 경험은 교수자의 자기관리 능력을 촉진시킬 수도 있다. 수업관찰을 통해 자신의 수업을 돌아보고 필요한 자료를 수집할 수 있기 때문이다. 변영계와 김경현(2008)은 다음과 같이 설명하였다. "교수자들에게 수업관찰의 목적이나 기법을 가르쳐 주면 교수자는 그 방법을 다른 교수자의 수업을 관찰하는 데에도 사용할 수 있다. 그리고 보다 직접적인 효과로는 수업관찰을 위해 사용되는 체계적인 관찰 방법을 배울 수 있고, 이 방법에 따라 교수자는 자신의 수업 자료를 혼자서도 수집할 수 있다."

3. 관찰기법의 유형

수업관찰은 객관적인 사실을 수집해야 하기 때문에 체계적인 자료 수집 방법을 적용해야 한다. 관찰을 명확하게 진행하기 위해서는 관찰 방법의 종류를 알아보고, 각 방법의 특징을 살펴볼 필요가 있다. 수업관찰을 위해 객관적인 자료 수집을 했다고 하더라도 체계적인 관찰기록 방법을 적용하지 않으면 실질적으로 객관적인 자료 수집이 이루어졌는지를 보장하기 어렵다. 따라서 관찰 결과에 대한 자료 수집의 타당도를 높이기 위해서는 관찰기록의 유형을 구분할 필요가 있다. 관찰기록 방법은 일화관찰과 표집관찰로 구분할 수 있다.

1) 일화관찰

일화관찰은 일기를 쓰는 것처럼 기록을 수행하는 것이다. 따라서 구체적인 절차나 양식이 따로 지정되어 있지 않다. 일화기록은 관찰한 내용을 상세하게 기록하는 것으로서, 개인의 특성을 이해하기 위해 개인의 구체적인 행동이나 어떤 사건과 관련된 일들을 직접 관찰하여 기록한다(성태제, 시기자, 2008). 수업관찰의 측면에서는 전체적으로 교수자와 학습자의 모든 발화 및 행동을 기록하거나 또는 부분적으로 특정한 형태의 발화나 장면만을 따로 기록할 수도 있다. 예를 들면, 협동학습을 위한 학습자 간의 상호작용이나 특정 수업모형을 위한 적용 장면에 초점을 맞추는 경우다. 그렇지만 실질적으로 관찰 내용을 상세하게 서술한다는 것은 쉽지 않다. 수업장면과 같이 역동적으로 진행되는 경우에는 관찰 내용의 종합적인 서술은 어렵다.

2) 표집관찰

기록할 관찰 대상을 선택하기 위해서는 관찰 현상에 대한 표집을 실시해야 한다. 표집하는 방법은 관찰할 시간을 추출하는 시간표집법과 관칠 장면이나 사건을 추출하는 사건표집법으로 구분된다.

(1) 시간표집법

시간표집(time sampling)은 관찰할 시간을 정해 놓고 그 시간에 발생한 행위나 사건을 기록하는 방법이다. 예를 들어, 매 5분마다 관찰하기로 했다면

5분을 주기로 관찰기록을 실시하는 것이 시간표집법이다. 〈표 12-2〉는 시간표집을 위한 분석표의 예시다. 이 경우에는 수업 중 협력활동을 관찰한 결과를 예시로 구성한 것으로, 학생들의 협력 과정에 초점을 두고 표집을 수행하였다. 협력활동이 실시된 16분 정도에 대해서 2분 단위로 협력활동을 관찰하고 빈도를 기록하는 방법으로 수행된 경우다. 〈표 12-2〉에 표시된 수는 각 시간마다 관찰된 행동의 빈도를 의미한다. 즉, 첫 2분 지점에서 다섯 범주에 대해서 총 6회가 관찰되었음을 의미한다. 이와 같이 빈도를 측정함으로써 학생들의 참여 활동이 어떻게 일어나고 있는가를 확인할 수 있다.

표 12-2 **시간표집 분석표 예시(빈도)**

범주 \ 시간(분)	2	4	6	8	10	12	14	16	합계
주장	0	0	0	3	4	4	2	1	14
질문	1	1	2	2	1	0	1	2	10
경청	1	1	2	1	1	2	2	2	12
무시	2	0	1	0	0	0	1	1	5
비참여	2	4	1	0	0	0	0	0	7

표집 시간에 대해 정해진 규칙은 없으며, 표집 간격은 전체 관찰 시간이나 관찰하려는 행동의 빈도 및 유형에 따라서 달라질 수 있다. 예를 들어, 전체적인 관찰 시간이 비교적 긴 편이라면 시간표집의 주기는 약간 길어질 수 있다. 왜냐하면 관찰 시간이 길기 때문에 시간표집 주기를 짧게 잡으면 표집 횟수가 지나치게 많아질 수 있기 때문이다. 시간표집에서의 관찰 행동은 비교적 자주 일어나는 대표적 행동이어야 한다. 이 방법은 비교적 짧은 시간 동안 다양한 상황에서 발생하는 많은 행동을 표집할 수 있고, 기록과 분석이 용이하다는 장점이 있다.

(2) 사건표집법

사건표집(event sampling)은 기록할 행동이나 사건을 미리 결정해 놓고 해당 행동이나 사건이 관찰되면 기록하는 방법이다. 즉, 사건표집법에서는 사건 자체가 표집의 기준이 된다. 사건표집은 관찰하고자 하는 특정 행동이나 사건이 발생할 때만 관찰하여 자주 나타나는 행동이나 드물게 나타나는 행동 모두에 적용 가능한 방법이다.

사건표집법을 적용하기 위해서는 우선 관찰하고자 하는 행동이나 사건을 명확히 정하고, 언제 어디서 그러한 행동을 관찰할 것인지를 규정해야 한다. 사건표집법은 특정 행동과 그 행동이 일어난 맥락에 대한 자세한 분석이 가능하고, 기록을 할 때 서술적 방법과 양적 방법을 모두 적용할 수 있는 장점이 있다. 또한 시간의 흐름에 따라서 어떻게 수업활동이 전개되었는가를 알수 있다. 그렇지만 특정 행동이 언제 나타날 것인지 알기 어렵기 때문에 수업관찰이 어려운 경우가 있다. 따라서 수업 분석에 필요한 관찰대상을 명확하게 정리해서 적용하는 것이 중요하다.

4. 수업 분석 도구의 활용

1) 수업 분석의 기본 요건

정확한 수업 분석을 실시하기 위해서는 분석의 초점, 방법의 명료화, 해석의 일관성이 확보되어야 한다. 첫째, 분석의 초점이 무엇인지 구체적으로 규명해야 한다. 무엇을 분석할 것인지에 대한 목표나 방향이 결정되지 않는다면 분석 범위나 내용을 명확하게 세분화할 수 없다. 둘째, 분석 방법이나 절차를 명료화한다. 분석 방법을 명료화함으로써 다양한 분석 자료에 대한 일관된 분석 틀을 유지할 수 있기 때문이다. 셋째, 관찰자의 해석이 일관된 것인지 검토해야 한다. 만약 관찰자의 해석에서 일관성을 유지할 수 없다면 무의미한 수업 분석이 될 것이다.

수업 분석을 위해서는 되도록 공개 수업을 교실에서 직접 관찰하는 것이 매우 중요하다. 그러나 수업이 진행되는 동안 관찰할 수 있는 다양한 이벤트가 발생하기 때문에 관찰자가 수업과정 전체를 한 번에 기록할 수는 없다. 따라서 분석의 결과를 심층적이고 체계적으로 운영하기 위해 동영상을 반복적으로 관찰하면서 세밀하게 관찰하고 해석하는 경험을 갖추는 것이 중요하다.

전사기록은 일반적으로 녹음 혹은 녹화된 장면에 대한 상세한 설명 및 과정을 서술해 놓은 자료다. 전사기록을 기초로 하여 수업과정에 대한 심층적인 분석이 가능하다. 올바른 전사기록이 되기 위해서는 다음과 같은 세 가지 요소를 고려해야 한다. 첫째, 사실적이고 객관적으로 기록한다. 둘째, 수업이 상세하게 재현될 수 있도록 기록한다. 셋째, 수업의 흐름이나 전체의 구조를 알아보기 쉽게 기록한다.

2) 수업 분석 도구

(1) 수업지도안 분석

수업지도안 분석은 수업설계의 관점에서 전체적인 수업이 잘 조직화되고 계열화되어 있는지를 연구하는 것이다. 따라서 수업이 진행되는 특정한 장면에 초점을 맞춰 분석하기보다는 전체적인 흐름이 더 중요하다. 그리고 수업지도안을 분석함으로써 수업목표 달성을 위한 수업전략의 조직화 및 내용의 계열화를 검토할 수 있다. 수업지도안 분석을 위한 세부적인 내용은, ① 수업목표의 구체성과 타당성, ② 수업설계의 정교성과 적절성, ③ 지도계획에 학생 수준 반영, ④ 평가계획의 수립 및 기준 제시, ⑤ 수업의 구체화와 정합성이다.

(2) 수업활동 흐름도 분석

〈표 12-3〉은 수업활동 흐름도의 작성 양식이다. 수업활동 흐름도는 가네 (Gagne)가 제시한 아홉 가지의 수업 단계에 근거하고 있다. 이 흐름도는 하나의 수업을 구성하기 위해 필요한 단계들로 구성되었다. 이것은 분석된 수업이 수업활동 흐름도의 관점에서 어떻게 운영되었는지를 보여 주기 위한 것이다. 이 양식의 가로축은 가네의 아홉 가지 수업 단계를 설명하고 있으며, 시간축의 흐름에 따라서 각 단계별로 어떤 수업이 진행되고 있는지를 분석할 수 있다. 이 방법의 장점은 차시 단위의 수업에서 어떤 활동이 이루어졌는지를 쉽게 확인할 수 있다는 점이다.

표 12-3 수업활동 흐름도의 작성 양식

수업활동 단계 구성									
시간 (분)	주의집중 유발	학습목표 제시	선수 학습 내용 회상	자극 자료 제시	학습 안내 제공	성취 행동 유도	피드백 제공	성취 행동 평가	파지 및 전이
2									
4									
6									
8									
48									
50									

[그림 12-4]의 적용 예시는 2분 단위의 시간표집법을 적용한 것이다. 그림에 나타난 수업은 획득과 수행 단계에서 학습목표1, 학습목표2, 학습목표3이 반복적으로 순환하고 있는 구조다. 이것은 이 수업이 총 3개의 학습목표를 갖고 있으며, 각 학습목표의 달성에 적합한 학습활동이 적용되었음을 보여 준다.

		수업활동 단계 구성									
		주의집중유발	학습목표제시	선수학습내용회상	자극자료제시	학습안내제공	성취행동유도	피드백제공	성취행동평가	파지및전이	
학습준비	2	■									
	4	■									
	6		■	■							
	8				■						
	10										
획득과수행	12					■					학습목표 1
	14					■					
	16					■					
	18					■					
	20							■			
	22					■					학습목표 2
	24					■					
	26					■	■				
	28						■				
	30						■				
	32					■					학습목표 3
	34					■					
	36						■				
	38						■				
	40								■		
학습의전이	42								■		
	44									■	
	46									■	
	48									■	
	50									■	

[그림 12-4] 수업활동 흐름도

(3) 일화기록에 의한 분석

일화기록 방법을 적용하기 위해서는 다음과 같은 점에 주의해야 한다. 첫째, 관찰한 장면의 특징적인 맥락을 명확하게 기록해야 한다. 따라서 언제, 어떤 상황에서 발생한 것인지에 대한 정보를 기록해 두어야 한다. 일화가 발생한 직후에 기록함으로써 관찰된 현상의 맥락을 최대한 유지하도록 하는 것이 좋다.

둘째, 관찰한 현상과 이에 대한 관찰자의 해석을 구분해서 기록해야 한다. 일화적인 내용을 기록하다 보면, 관찰된 현상과 관찰자의 해석이 혼재할 수 있다. 만약 관찰한 내용과 해석이 혼재하게 된다면 인과관계를 파악하기가 어려워진다. 따라서 구체적인 사실을 중심으로 기록하는 것이 좋고, 총평이나 일반적인 서술은 피하는 것이 바람직하다.

셋째, 여러 시기에 일어난 일화를 총괄해서 기록하지 않는 것이 좋다. 여러 사건이 발생했다고 하더라도 각 일화의 내용을 독립적으로 기록하는 것이 바람직하다. 총평을 하듯이 포괄적인 기록을 하게 되면 실제 관찰된 일화의 구체적인 장면이 기록되지 않기 때문이다. 일화는 그것이 일어난 순서대로 기록하는 것이 바람직하다.

〈표 12-4〉는 일화기록에 의한 수업 분석 양식이다. 특정한 수업일화가 발견되면 시간, 관찰맥락, 특이사항을 기록하고 최대한 객관적으로 서술해야 한다. 만약 수업 분석에서 초점을 두고 있는 주제가 있다면 학습유형 등을 미리 구분해서 양식에 반영할 수도 있다.

표 12-4 일화기록에 의한 수업 분석 양식

구분	수업대상	수업일시	수업장소	수업모형	지도교사
교실	학년　반	년　월　일			
단원				영역	
학습내용				교과서	
수업일화					
시간	관찰맥락	특이사항	주안점	유형	
				학습안내 □ 동기유발 □ 순회지도 □	

(4) 수업활동 진단

수업활동 진단은 다면적인 측면에서 종합적인 평가를 적용하기 위하여 개발되었다. 네 영역으로 구성되었으며, 각 영역에 대해서 1~5점에서 평가를 했다. 평가영역의 내용은 수업을 진행할 때 고려해야 하는 핵심적인 요인이다. ① 수업 구성 및 진행은 개략적인 수업운영의 흐름에 초점을 둔 진단이다. ② 수업방법은 다양성의 정도에 대한 평가지표다. ③ 목소리 및 몸동작은 교수자의 외적 표현에 대한 내용이다. ④ 학생과의 상호작용은 수업에서 학생들과 어느 정도 교류하고 있는지에 대한 지표다. 〈표 12-5〉는 수업활동을 진단하기 위한 양식이다.

표 12-5 수업활동 진단 양식

영역	구체적 내용	전혀 그렇지 않다		보통		매우 그렇다
① 수업 구성 및 진행	1. 수업준비는 철저히 하는가?	1	2	3	4	5
	2. 수업 시작과 마치는 시간을 정확히 지키는가?	1	2	3	4	5
	3. 수업을 시작할 때 수업내용의 전체 개요를 알려 주는가?	1	2	3	4	5
	4. 학생들에게 학습목표를 정확히 제시하는가?	1	2	3	4	5
	5. 수업내용을 학생들의 수준에 적합하게 조절하는가?	1	2	3	4	5
	6. 수업을 열정적으로 진행하는가?	1	2	3	4	5
	7. 중요한 내용은 부각되도록 강조하는가?	1	2	3	4	5
	8. 수업한 내용을 정리해 주는가?	1	2	3	4	5
	9. 차시 수업내용을 소개하는가?	1	2	3	4	5
	10. 평가 방법과 기준에 대한 명확한 설명을 하는가?	1	2	3	4	5

영역	구체적 내용	전혀 그렇지 않다		보통		매우 그렇다
② 수업방법	1. 다양한 수업방법을 적용하는가?	1	2	3	4	5
	2. 시청각 기자재를 비롯한 멀티미디어 자료를 활용하는가?	1	2	3	4	5
	3. 학생들의 동기와 흥미를 유발하고 있는가?	1	2	3	4	5
	4. 수업에 학생들의 참여를 유도하는가?	1	2	3	4	5
	5. 학생들의 반응 및 과제물과 시험에 대한 적극적인 피드백을 제공하는가?	1	2	3	4	5
③ 목소리 및 몸동작	1. 목소리의 크기가 적절한가?	1	2	3	4	5
	2. 말의 속도가 적절한가?	1	2	3	4	5
	3. 발음이 명확한가?	1	2	3	4	5
	4. 목소리에 강약의 변화가 있는가?	1	2	3	4	5
	5. 몸동작이 의도적이고 적절한가?	1	2	3	4	5
	6. 무엇인가 강조하고자 할 때 몸동작을 극대화하는가?	1	2	3	4	5
	7. 학생들을 보면서 수업을 진행하는가?	1	2	3	4	5
④ 학생과의 상호작용	1. 학생들에게 수업에 참여할 기회를 제공하는가?	1	2	3	4	5
	2. 학생들의 의견을 존중해 주는가?	1	2	3	4	5
	3. 학생들과 원활한 상호작용이 이루어지고 있는가?	1	2	3	4	5
	4. 학생들이 졸거나 산만하지 않고 수업에 적극적으로 참여하는가?	1	2	3	4	5
	5. 학생들의 이름을 불러 주는가?	1	2	3	4	5
	6. 학생들과의 관계에서 신뢰감이 형성되어 있는가?	1	2	3	4	5

(5) 수업일관성 분석

수업일관성 분석은 수업 활동 및 구성이 수업목표를 달성하는 데 일관성 있게 반영되고 있는가를 검토하기 위한 것이다. 수업일관성 분석은 다섯 가지 측면에서 검토되어야 한다(이상수 외, 2019). 수업내용, 학습자, 수업방법, 수업매체, 수업평가의 일관성 측면에서 검토해야 한다.

첫째, 수업내용은 수업목표와의 관련성에 초점을 두고 있다. 즉, 수업목표의 달성에 필요한 내용이 제시되고 있는가를 평가하는 것이다. 수업목표가 설정되었다고 하더라도 관련된 내용이 충분하지 않다면 수업진행이 어려워질 수 있다.

둘째, 학습자의 수준을 고려해야 한다. 수업목표가 학습자의 수준에 적합한가를 확인해야 한다. 만약 학습자의 수준에서 너무 쉽거나 어려우면 적절한 수업을 운영할 수 없다.

셋째, 수업활동에 적합한 수업방법이 적용되어야 한다. 수업목표의 달성에 효과적이고 효율적인 수업방법인가를 확인해야 한다. 만약 수업방법이 적절하지 않다면 수업은 일관성을 갖고 운영될 수 없기 때문이다.

넷째, 수업매체의 적절성을 검토해야 한다. 수업매체는 단순히 내용을 전달하는 것으로 그치지 않는다. 수업방법 및 학습자의 수준 등을 모두 고려해서 적절한 매체를 선택해야 한다.

다섯째, 평가방법의 일관성 여부를 검토해야 한다. 평가방법은 수업목표의 달성 여부를 판단하는 가장 중요한 요소다. 그렇기 때문에 수업목표에 적절한 평가방법을 적용했는가는 가장 중요한 일관성 요소라고도 할 수 있다. 평가방법이 적절하지 않다면 수업목표의 달성 여부조차도 제대로 파악할 수 없기 때문이다.

〈표 12-6〉은 수업일관성 분석을 위한 도구의 예다. 수업일관성 분석을 통해서 수업이 전반적으로 적절하게 구성되었는가를 알 수 있다. 이러한 수업일관성 분석을 적용할 때는 어떤 근거에서 일관성 여부를 판단했는지 구체적

으로 작성하는 것이 중요하다. 수업에 대한 일관성 여부를 확인하고 개선하기 위해서는 왜 부적절하다고 판단했는가를 상세하게 알려 주어야 하기 때문이다.

표 12-6 **수업일관성 분석표**

분석준거	판단준거	판단 및 근거
수업내용	• 수업목표와 관련된 학습내용으로 구성되어 있는가? • 수업내용은 학습목표 달성을 촉진하고 있는가?	
학습자	• 학습자의 이해 수준과 사전지식 등을 고려한 것인가? • 학습자가 다룰 수 있는 수준의 내용인가?	
수업방법	• 수업목표의 달성에 효과적인 수업방법인가? • 학습경험을 촉진해서 수업목표 달성에 도움이 되는 방법인가?	
수업매체	• 효과적인 수업내용 전달 매체인가? • 수업내용을 다루기에 적합한 매체인가?	
수업평가	• 수업목표의 달성 정도를 측정하는 데 적절한 평가방법인가? • 효과적인 평가방법인가?	

강영민, 박주호, 이효진(2018). 성인학습자의 K-MOOC 참여 및 성공적 이수에 영향을 미치는 요인. 교육학연구, 56(1), 85-105.

강유진, 이명현(2021). 〈토끼전〉 챗봇 개발을 통한 고전소설과 컴퓨팅 사고의 융합 —오픈 소스 챗봇 플랫폼을 활용한 게이미피케이션 챗봇 개발을 중심으로—. 우리문학연구, 70, 29-64.

고재희(2008). 통합적 접근의 교육방법 및 교육공학. 경기: 교육과학사.

김두희(2019). 특수교사의 스마트러닝에 대한 인식 및 활용 실태. 인간 · 환경 · 미래, 22, 187-235.

김선영, 김종범, 나일주, 박소화(2015). 글로벌 학습시대 묵스의 이해. 서울: 학지사.

김영환(1994). 과제분석과 계열화를 위한 단순화 조건법. 교육공학연구, 9(1), 43-59.

김주경(2018). 한국형 온라인 공개강좌(K-MOOC)의 특성과 교육효과에 관한 구조적 관계분석. 고려대학교 대학원 박사학위논문.

김지우, 이명현(2021). 챗봇 빌더 기반의 〈홍길동전〉 챗봇 프로토타입 연구 개발 — 고전소설과 컴퓨팅 사고의 융합 교육을 중심으로—. 국제어문, 88, 47-81.

나소미, 이영주(2016). 증강현실이 재현하는 영상커뮤니케이션 연구. 디지털융복합연구, 14(11), 507-512.

나일주(2007). 교육공학 관련 이론. 경기: 교육과학사.

노경희, 이준, 염철현, 장시준, 정영식(2011). 온라인 스마트교육 체제 구현을 위한 온라인 수업 활성화 방안. 연구자료 RM 2011-77.

모수경(2021). 대학 수준의 온라인 학습환경에서 성별과 상호작용 방식에 따른 사회적 실재감 비교 연구. 교양교육연구, 15(1), 287-302.

문방희(2018). MOOC 환경에서 도서관의 역할과 서비스가 MOOC 수강생의 이용의도에 미치는 영향 연구. 경기대학교 대학원 박사학위논문.

민혜리(2008). 성공적인 대학수업을 위한 교수법 가이드. 경기: 교육과학사.

박병준, 백영태, 박승보(2014). 협업성 강화를 위한 증강현실 기반의 협업적 교육 시스템. 한국컴퓨터정보학회, 19(4), 101-109.

박성익, 임철일, 이재경, 최정임(2011). 교육방법의 교육공학적 이해. 경기: 교육과학사.

박숙희, 염명숙(2007). 교수-학습과 교육공학. 서울: 학지사.

박인우, 임병노, 유현창, 김현진, 정종원, 고범석(2009). 테크놀로지 기반 첨단 미래학교 연구 최종보고서. 연구보고 RR 2009-13.

박희숙(2018). 예비유아교사의 마이크로티칭을 활용한 수업역량 탐색. 육아지원연구, 13(4), 227-250.

백영균, 박주성, 한승록, 김정겸, 최명숙, 변호승, 박정환, 강신천, 김보경(2010). 유비쿼터스 시대의 교육방법 및 교육공학. 서울: 학지사.

변영계(2005). 교수 학습이론의 이해. 서울: 학지사.

변영계, 김경현(2008). 수업장학과 수업분석. 서울: 학지사.

변영계, 김영환, 손미(2007). 교육방법 및 교육공학. 서울: 학지사.

변영계, 이상수(2003). 수업설계. 서울: 학지사.

성진규(2019). 메이커 교육 공간의 확장으로서 가상현실 활용에 대한 탐색 연구. 서울대학교 대학원 석사학위논문.

성태제, 시기자(2008). 연구방법론. 서울: 학지사.

소효정, 이혜란(2017). 마이크로 러닝 연구동향 분석 및 시사점 도출. 한국과학예술융합학회, 30, 189-201.

손미(1999). 자원기반학습을 통한 자기주도학습 및 정보활용능력 신장. 초등교육연구, 13(1).

신주용(2019). 뇌졸중 환자의 상지 재활을 위한 몰입형 가상현실의 적용: 강화유도운동치료의 효과. 대구가톨릭대학교 대학원 박사학위논문.

심태섭, 유수빈, 신상호(2017). MPEG-V 표준 실감미디어 테스트베드에 기반을 둔 문화재 360 콘텐츠 시범 서비스 플랫폼. 한국항행학회논문지, 21(6), 666-673.

안소현(2018). 가상현실 관광콘텐츠의 감각과 정보품질이 플로우와 방문의도에 미치는 영향에 관한 연구-SOR 모형을 중심으로. 경희대학교 대학원 박사학위논문.

윤정일, 허형, 이성호, 이용남, 박철홍, 박인우(2002). 신교육의 이해. 서울: 학지사.

이가영(2019). 국내 HRD 담당자의 마이크로러닝에 대한 인식 연구: 인지된 혁신의 특성과 콘텐츠, 기술, 운영 요구 중심으로. 한국교원대학교 대학원 석사학위논문.

이상수, 최정임, 박인우, 임정훈, 이미자, 장경원, 이유나, 장선영, 고은현, 류지헌, 강정찬, 오영범(2019). 체계적인 수업분석을 통한 수업컨설팅. 서울: 학지사.

이성흠, 장언효(2008). 교육방법 및 교육공학: 의사소통, 교수설계, 그리고 매체활용. 경기: 교육과학사.

이영희, 이효재(2019). 멀티미디어 스마트러닝 기반 학습 환경에서 정보 제시 유형이 한국어 학습자의 인지부하와 학습 이해도에 미치는 영향. 언어와 정보 사회, 36, 247-274.

이유광(2018). 증강현실 기반 읽기 중재 프로그램이 지적장애 학생의 읽기 이해력 및 학습태도에 미치는 효과. 전남대학교 대학원 석사학위논문.

이인숙, 한승연, 임병노(2010). 교육공학 · 교육방법. 서울: 문음사.

이지수(2009). 학습동기 유발을 위한 증강현실 기반 과학 학습 프로그램 개발. 광운대학교 교육대학원 석사학위논문.

이창윤, 박철규, 홍훈기(2019). 중등 과학교육에서 증강현실의 활용 및 발전방안 탐색. 학습자중심교과교육연구, 19(2), 265-292.

임태형, 양은별, 김국현, 류지헌(2021). 메타버스를 활용한 고등학생 진로체험 프로그램 사용자 경험 분석. 학습자중심교과교육연구, 21(15), 679-695.

장미, 박승빈, 황동옥, 서경민(2021). 구글 티처블머신을 활용한 보이스피싱 예방 STEAM 프로그램 개발. 컴퓨터교육학회 논문지, 24(6), 107-117.

전성수, 고현승(2015). 질문이 있는 교실: 중등 편. 서울: 경향BP.

전성연, 김수동(1998). 교수-학습이론. 서울: 학지사.

전성연, 최병연, 이흔정, 고영남, 이영미(2010). 협동학습 모형탐색(2판). 서울: 학지사.

조규락, 김선연(2006). 교육방법 및 교육공학. 서울: 학지사.

조규락, 이영주(2019). 속성과 효용의 컨조인트 분석을 통한 K-MOOC에 대한 잠재 학습자의 요구. 교육정보미디어연구, 25(1), 171-199.

조미헌, 김민경, 김미량, 이옥화, 허희옥(2010). E-learning 컨텐츠 설계. 서울: 교육과학사.

조영남(2011). 마이크로티칭과 초등 예비교사교육 —초등 예비교사들의 인식과 자기평가를 중심으로—. 초등교육연구, 24(1), 65-84.

조희인(2018). 증강현실 교육 콘텐츠의 만족도 영향 요인에 관한 연구. 숙명여자대학교 정책산업대학원 석사학위논문.

주영진(2017). 마이크로 러닝을 동반한 기업교육에서 중간관리자의 변화준비성, 변화
실행역량 및 변화실행의지간의 관계 연구. 이화여자대학교 대학원 석사학위논문.

천호성(2014). 수업 분석의 방법과 실제. 서울: 학지사.

최정임, 장경원(2015). PBL로 수업하기. 서울: 학지사.

한광석(2019). 3D 가상현실을 이용한 디지털 사이니지의 실재감과 상호작용성이 브
랜드 경험과 태도에 미치는 효과. 디지털융복합연구, 17(4), 299-307.

한국교육공학회(2005). 교육공학 용어사전. 서울: 교육과학사.

한국교육학술정보원(2020). 2020 교육정보화 백서.

한선관, 류미영, 김태령(2021). AI 사고를 위한 인공지능 교육. 경기: 성안당.

한송이(2019). 증강현실 기반 수업 설계원리 개발 연구. 서울대학교 대학원 박사학위
논문.

한정선, 김동식(2009). CSCL 환경에서 협력학습 지원도구의 유형이 협력적 지식구축
에 미치는 영향. 교육정보미디어연구, 15(4), 203-229.

홍예윤, 임연욱(2018). 고등 수학교육에서 스마트러닝을 통한 교육환경 및 학습자 역
량의 확장. 디지털융복합연구, 16(7), 213-222.

홍정표(2018). 임계경로법 학습을 위한 마이크로 러닝 콘텐츠 개발. 한국방송통신대
학교 대학원 석사학위논문.

황사연, 안대천, 권영진(2018). 스마트러닝 서비스 품질, 만족도 및 재이용의도 간의
인과관계에 관한 연구: 이용자의 자기효능감과 몰입의 조절효과를 중심으로. 유
통경영학회지, 21(6), 211-221.

황홍섭(2021). 초등 사회과 마이크로러닝을 위한 챗봇의 개발. 사회과교육, 60(3), 81-
104.

Alessi. S. M., & Trollip, S. M. (2003). 멀티미디어와 학습: 설계 및 개발. (김동식, 박인우
공역). 서울: 피어슨 에듀케이션 코리아.

Anderson, L. W., & Krathwohl, D. R. (Eds.) (2001). *A Taxonomy for Learning,
Teaching, and Assessing: A Revision of Bloom's Taxonomy of Educational
Objectives.* New York: Longman.

Bandura, A. (1991). Social cognitive theory of self-regulation. *Organizational
Behavior and Human Decision Processes, 50*(2), 248-287.

Barrows, H. (1985). *How to design a problem-based curriculum for the preclinical years*. New York: Springer Pub. Co.

Barrows, H., & Myers, A. (1993). *Problem based learning in secondary schools*. Springfield, IL: Problem Based Learning Institute.

Berlo, D. K. (1960). *The process of communication*. New York: Holt, Rinehart and Winston.

Bloom, B. (1956). *Taxonomy of Educational Objectives. Book I: Cognitive Domain*. New York: David Mckay.

Bradley, E. (2021). *Games and Simulations in Teacher Education*. Springer International Publishing.

Branch, R. M. (2017). Chapter 3: Characteristics of foundational instructional design models. In R. A. Reiser & J. V. Dempsey (Eds.), *Trends and issues in instructional design and technology* (4th ed., pp. 23–30). New York, NY: Pearson.

Brand-Gruwel, S., Kester, L., Kicken, W., & Kirschner, P. A. (2014). Learning ability development in flexible learning environments. In J. Spector, M. Merrill, J. Elen, & M. Bishop (Eds.), *Handbook of Research on Educational Communications and Technology*. Springer, New York, NY. https://doi.org/10.1007/978-1-4614-3185-5_29

Brown, A. H., & Green, T. D. (2020). *The Essentials of Instructional Design: Connecting Fundamental Principles with Process and Practice*. Routledge.

Buchem, I., & Hamelmann, H. (2010). Microlearning: a strategy for ongoing professional development. *eLearning Papers, 21*(7), 1–15.

Choi, S. H., & Won, J. S. (2017). The Nature of Flow in Virtual Reality Education: Based on A Grounded Theory Approach. *The Journal of the Korea Contents Association, 17*(11), 446–460.

Crespo, R., García, R., & Quiroz, S. (2015). Virtual reality application for simulation and off-line programming of the mitsubishi movemaster RV-M1 robot integrated with the oculus rift to improve students training. *Procedia Computer Science, 75*, 107–112.

Clark, R. C., & Mayer, R. E. (2016 4판). *E-learning and the science of instruction*

: *proven guidelines for consumers and designers of multimedia learning* (4rd ed.). San Francisco, CA: Pfeiffer.

Clark, R. C., Nguyen, F., & Sweller, J. (2006). *Efficiency in learning : evidence-based guidelines to manage cognitive load*. San Francisco: Jossey-Bass.

Collins, A., Brown, J., & Newman, S. (1989). Cognitive apprenticeship: Teaching the craft of reading, writing and mathematics. In L. B. Resnick (Ed.), *Knowing, learning, and instruction: Essays in honor of Robert Glaser*. Hillsdale, NJ: Erlbaum.

Dale, E. (1969). *Aduovisual methods in teaching* (3rd ed.). New York: Holt, Rinehart & Winston.

Davis, A. (2015). Virtual reality simulation: an innovative teaching tool for dietetics experiential education. *The Open Nutrition Journal, 9*(1), 65-75.

Dick, W., Carey, L., & Carey, J. (2011). *The systematic design of instruction* (7th ed.). New York, NY: Pearson.

Dousay, T. A. (2018). Instructional design models. In R. E. West, *Foundations of Learning and Instructional Design Technology: The Past, Present, and Future of Learning and Instructional Design Technology*. EdTech Books. Retrieved from https://edtechbooks.org/lidtfoundations/instructional_design_models

Driscoll, M. P. (2017). Chapter 6: Psychological foundations of instructional design. In R. A. Reiser & J. V. Dempsey (Eds.), *Trends and issues in instructional design and technology* (4th ed., pp. 52-60). New York, NY: Pearson.

Driscoll, M. P., & Burner, K. J. (2021). *Psychology of Learning for Instruction* (4th ed.). Pearson.

Ertmer, P. A., & Newby, T. J. (2013). Behaviorism, cognitivism, constructivism: Comparing critical features from an instructional design perspective. *Performance Improvement Quarterly, 26*(2), 43-71.

Gagné, R. M. (1985). *The Conditions of Learning and Theory of Instruction*. New York: Holt, Rinehart and Winston.

Garry, R., & Kingsley, H. (1970). *The nature and conditions of learning* (3rd ed.). New York, Prentice Hall.

Gredler, M. E. (2009). *Learning and Instruction: Theory into Practice* (6th ed.).

Upper Saddle River, NJ: Merrill Pearson.

Hilgard, E., & Bower, G. (1966). *Theories of Learning* (3rd ed.). New York, Appleton-Century-Crofts.

Hill, T. R. (2003). Leveraging Mobile Technology for m-Learning: 3rd Generation Threaded Discussion. 36th Annual Hawaii International Conference on System Sciences(HICSS'03)-Track1, January 06-09, 2003, Big Island, Hawaii.

Hoban, C. F. (1960). The usable reside of educational film research. In New Teaching aids for the American classroom. Palo Alto, CA: Stanford Univ. Press. Institute for communication research.

Hoban, C. F. Sr., Hoban, C. F. JR., & ZIssman, S. B. (1937). *Visualizing the curriculum*. New York: Dryden.

Hug, T. (2012). Microlearning. In N. M. Seel (Ed.), *Encyclopedia of the Sciences of Learning*. (pp. 2268-2271). Springer, Boston, MA.

Joyce, B. R., & Weil, M. (2008). *Models of teaching* (8th ed.). Upper Saddle River, NJ: Pearson.

Kapp, K. M. (2012). *The Gamification of Learning and Instruction: Game-based Methods and Strategies for Training and Education*. Wiley.

Kaufman, R. A. (1972). *Educational Systems Planning: Concrete Ideas Basic to Effective Planning*. Englewood Cliffs, NJ: Prentice-Hall.

Khan, B. H. (1997). *Web-based instruction*. Englewood Cliffs, N.J: Educational Technology Publications.

Kim, S., Song, K., Lockee, B., & Burton, J. (2018). *Gamification in Learning and Education: Enjoy Learning Like Gaming*.

Kimble, G., & Garmezy, N. (1963). *Principles of General Psychology* (2nd ed.). New York, Ronald Press Co.

Kozma, R. (1991). Learning with media. *Review of Educational Research, 61*(2), 179-212.

Krathwohl, D. R. (2002). A revision of Bloom's taxonomy: An overview. *Theory into practice, 41*(4), 212-218.

Likens, S., & Mower, A. (2022). What does virtual reality and the metaverse mean for training? PricewaterhouseCoopers(PwC). Available online: https://www.

pwc.com/us/en/tech-effect/emerging-tech/virtual-reality-study.html

Lim, J. H., Teh, E. Y., Geh, M. H., & Lim, C. H. (2017, December). Automated classroom monitoring with connected visioning system. In 2017 Asia-Pacific Signal and Information Processing Association Annual Summit and Conference (APSIPA ASC) (pp. 386-393). IEEE.

Mayer, R. E. (2020). *Multimedia Learning* (3rd ed.). Cambridge University Press.

Merrill, M. D. (1994). *Instructional Design Theory*. Englewood Cliffs, NJ: Educational Technology Publication.

Paivio, A. (1991). Dual coding theory: Retrospect and current status. *Canadian Journal of Psychology, 45*(3), 255.

Reigeluth, C. M. (Ed.). (1999). *Instructional-design theories and models: An new paradigm of instructional theory, Volume II*. Mahwah, NJ: Lawrence Erlbaum Associates.

Reigeluth, C. M. (Ed.). (2009). *Instructional-Design Theories and Models: A New Paradigm of Instructional Theory, Vol. 2* (Instructional Design Theories & Models). New York: Routledge.

Reigeluth, C. M., & Stein, F. S. (1983). The elaboration theory of instruction. In C. M. Reigeluth (Ed.), *Instructional design theories and models: An overview of their current states*. Hillsdale, NJ: Lawrence Erlbaum.

Reiser, R. A. (2017). Chapter 2: A history of instructional design and technology. In R. A. Reiser, & J. V. Dempsey (Eds.), *Trends and issues in instructional design and technology* (4th ed., pp. 8-22). New York, NY: Pearson

Reiser, R. A., & Dempsey, J. V. (2017). *Trends And Issues In Instructional Design And Technology* (4th Ed.). Pearson.

Richey, R. C. (1995). Instructional design theory and a changing field. In B.

Savery, J., & Duffy, T. (1996). Problem based learning: An instructional model and its constructivist framework. In B. G. Wilson (Ed.), *Constructivist Learning Environments: Case Studies in Instructional Design*. Englewood Cliffs, NJ: Educational Technology Publications.

Schank, R. (1999). *Dynamic Memory Revisited*. Cambridge Univ. Press.

Schannon, C. E., & Schramm, W. (1964). *The mathematical theory of communications*. Urbana, IL: The University of Illinois Press.

Schrader, C., & Bastiaens, T. J. (2012). The influence of virtual presence: Effects on experienced cognitive load and learning outcomes in educational computer games. *Computers in Human Behavior, 28*(2), 648-658.

Seagoe, M. (1970). *The Learning process and school practice*. Scranton, Pa., Chandler Pub. Co.

Seels, B. B., & Richey, R. C. (1994). *Instructional technology: The definition and domains of the field*. Washington, DC: Association for Educational Communications and Technology.

Shatto, A., & Ruiz, J. (2018). Zooming in on Purpose-Driven Microlearning. *Chief Learning Officer, 17*(1), 44-57.

Smaldino, S. E., Russell, J. D., Heinich, R., & Molenda, M. (2005). *Instructional media and technologies for learning* (8th ed.). Upper Saddle River, NJ: Prentice Hall.

Spiro, R., Coulson, R., Feltovich, P., & Anderson, D. (1988). Cognitive flexibility theory: Advanced knowledge acquisition in ill-structured domains. In The tenth annual conference of the cognitive science society. Hillsdale, NJ: Lawrence Erlbaum Associates.

Sweller, J. (2010). Element Interactivity and Intrinsic, Extraneous, and Germane Cognitive Load. *Educational Psychology Review, 22*(2), 123-138.

Sweller, J., van Merriënboer, J. J. G., & Paas, F. (1998). Cognitive architecture and instructional design. *Educational Psychology Review, 10*(3), 251-296.

Wood, R. E., Beckmann, J. F., & Birney, D. P. (2009). Simulations, learning and real world capabilities. *Education+ Training, 51*(5/6), 491-510.

Zimmerman, B. J. (2002). Becoming a self-regulated learner: An overview. *Theory into Practice, 41*(2), 64-70.

찾아보기

인명

내용

저자 소개

류지헌(Ryu, Jeeheon)

미국 Florida State University 철학박사

현 전남대학교 사범대학 교육학과 교수

〈연구 분야〉

인지부하의 측정, 실감미디어의 설계와 개발, 시나리오 기반의 시뮬레이션,
  첨단매체와 인지, 인공지능과 적응적 학습

김민정(Kim, Minjeong)

미국 Florida State University 철학박사

현 단국대학교 사범대학 교직교육과 교수

〈연구 분야〉

동료학습, e-러닝, 교육 프로그램 개발 및 평가, 첨단매체와 인지, 학습시스
  템의 개발 및 활용

임태형(Lim, Taehyeong)

미국 Florida State University 철학박사

현 전남대학교 교육문제연구소 연구교수

〈연구 분야〉

가상현실 시뮬레이션 사용자경험 측정, 메타버스 기반 수업설계, 인공지능융
  합교육 교육과정 설계

수업역량 강화를 위한
교육방법 및 교육공학

2023년　3월 15일　1판　1쇄 발행
2024년　1월 25일　1판　3쇄 발행

지은이 • 류지헌 · 김민정 · 임태형
펴낸이 • 김 진 환
펴낸곳 • ㈜ **학지사**
　　　　　04031 서울특별시 마포구 양화로 15길 20 마인드월드빌딩 5층
대표전화 • 02) 330-5114　　　팩스 • 02) 324-2345
등록번호 • 제313-2006-000265호

홈페이지 • http://www.hakjisa.co.kr
인스타그램 • https://www.instagram.com/hakjisabook

ISBN 978-89-997-1964-6 93370

정가 **17,000원**

출판미디어기업 **학지사**
간호보건의학출판 **학지사메디컬** www.hakjisamd.co.kr
심리검사연구소 **인싸이트** www.inpsyt.co.kr
학술논문서비스 **뉴논문** www.newnonmun.com
원격교육연수원 **카운피아** www.counpia.com